まえがき（チャレンジ）

　仲間と本づくりにチャレンジして完成したのが本書です。「雑学1000題」では仙台の語呂に併せて設問を合計1000題羅列しました。設問は選択でドリル形式を取り入れて、正解と併せて解説も入れて深く学べるように工夫を凝らしてみました。設問の内容は歴史、行政、地理、スポーツ、地元学…等12分野で作成。すべて仙台のことに係わっているので、設問を解くことによって仙台市の全体像が見えてきます。また、設問に難易度をつけて初・中・上級に分類して幅広い年代層に対応できるように工夫を凝らしてみました。

　資料・冊子・パンフレット・チラシ等の収集と分析、現地での調査を行い、最後は、図書館での閲覧・インターネット検索等で確認して1000題を抽出したのが本書です。

　是非、手に取ってチャレンジしてみてください。地域を知りうる一歩、仙台の雑学博士に近づきます。設問と解説を参考に史跡めぐり、イベント参加・見学、ハイキング、生涯学習等に参加するとより一層理解が深まります。

　また、歴史・史跡・伝統行事等の正解は、諸説があったりして正解で食い違う可能性も否定できませんのであらかじめお断りしておきます。その他にイベント参加人数や設問の中での数字等はその年によって変動します。この点も併せてお断りします。

　最後に、本書の作成に際しては金港堂出版部からは問題点の指摘、校正等で多大なご支援を頂きました。改めて御礼申し上げます。

2019年3月　ざつがくがくしゅう倶楽部

目　次

まえがき（チャレンジ）……………………………………… 1

	初級編	中級編	上級編
歴史・史跡・伝統的工芸品	…… 5	……… 85	…… 183
観光・伝統行事・イベント	……… 15	……… 99	…… 199
芸　術　・　文　化	……… 23	…… 111	…… 205
人　　　　　　　物	……… 27	…… 117	…… 211
行　　　　　　　政	……… 31	…… 121	…… 215
教　　　　　　　育	……… 35	…… 131	…… 221
交　通・地　理・地　名	……… 39	…… 135	…… 223
自　　然　・　環　　境	……… 49	…… 149	…… 233
震　　災　・　災　　害	……… 55	…… 155	…… 239
ス　ポ　ー　ツ	……… 61	…… 159	…… 241
グ　ル　メ	……… 69	…… 167	…… 247
地　元　学	……… 75	…… 173	…… 251

参考文献・参考資料………………………………………… 261

初 級 編

歴史・史跡・伝統的工芸品

雑学1000題

初級

Q.1 伊達政宗公は何が原因で右目の視力を失いましたか。
　　①はしか(麻しん)　　②おたふくかぜ
　　③天然痘(てんねんとう)　　④水疱瘡(みずぼうそう)

Q.2 伊達政宗公の霊廟(れいびょう)はどこですか。
　　①感仙殿　②善応殿　③瑞鳳殿　④瑞巌寺

Q.3 伊達政宗公は何歳で家督相続しましたか。
　　①14歳　②16歳　③18歳　④20歳

Q.4 伊達輝宗公と義姫との間には何人の子どもがいましたか。
　　①二人　②三人　③四人　④五人

Q.5 伊達政宗公の正室は誰ですか。
　　①五郎八姫　②淀君　③篤姫　④愛姫

Q.6 慶長遣欧使節に使用した「サン・ファン・バウティスタ号」は、どこの港から出航しましたか。
　　①石巻港　②表浜港　③渡波港　④月浦港

Q.7 仙台藩二代目藩主伊達忠宗公は仙台東照宮を何のために創建しましたか。
　　①伊達政宗公を祀るため　　②徳川家康公を祀るため
　　③戦に勝利を祈願するため　　④戦で命を落とした家臣を敬うため

Q.8 支倉常長の慶長遣欧使節が、訪れていない国はどこですか。
　　①スペイン　②イタリア　③メキシコ　④フランス

Q.9 伊達政宗公の御母堂「義姫」の出家後の院号は何と言いますか。
　　①保春院　②栽松院　③天渓院　④本寿院

Q.10 四ツ谷用水の築造が始まったのはいつですか。
　　①伊達政宗公の頃　　②伊達吉村公の頃
　　③明治維新の頃　　④明治の終わりから大正の頃

Q.11 明治維新の際、新政府軍に立ち向かう為に仙台藩が主導して奥州の各藩で結んだ同盟の名前は何といいますか。
　　①奥羽洲藩同盟　②奥州同盟　③陸奥国同盟　④奥羽越列藩同盟

正解と解説 ☞ ……… 歴史・史跡・伝統的工芸品

A.1【正解③】
解説：天然痘説が有力。伊達政宗公は幼少期に天然痘にかかり右目の視力を失いました。天然痘は1980年（昭和55年）WHOが「世界根絶宣言」。19世紀の終わりごろまで水疱瘡と天然痘は明確な区別がなされていませんでした

A.2【正解③】
解説：霊廟は偉人などを祀った建物のこと。瑞鳳殿は初代藩主伊達政宗公、感仙殿は二代藩主伊達忠宗公、善応殿は三代藩主伊達綱宗公の霊廟、瑞巌寺は伊達家の菩提寺です

A.3【正解③】
解説：1584年（天正12年）父輝宗公の隠居で18歳で伊達家家督を相続しました

A.4【正解③】
解説：伊達輝宗公は1585年（天正13年）41歳で逝去。義姫は1623年（元和9年）76歳逝去。最上義守の娘、最上義光の妹で最上御前などと呼ばれていました。子供は政宗、小次郎君、千子姫（早世）、某姫（早世）

A.5【正解④】
解説：愛姫（めごひめ）出家後の院号は陽徳院。1568年（永禄11年）～1653年（承応2年）86歳で死去

A.6【正解④】
解説：旧雄勝町水浜で建造されたのち、月浦港に回航されて、艤装や積荷を行い出港しました（国土交通省HPより）

A.7【正解②】
解説：仙台東照宮は国の指定重要文化財　1654年（承応3年）に二代藩主伊達忠宗公によって創建されました（仙台東照宮HPより）

A.8【正解④】
解説：使節団はアメリカ西海岸（メンドシノ岬）、メキシコを経由し、イスパニアのサン・ルカール・デ・バラメダに上陸。セビリア、マドリードを経てローマに到着。その後セビリアに戻り、アカプルコ、マニラを経由して日本へ戻りました

A.9【正解①】
解説：政宗公が小田原参陣の時に毒入り膳を出したことで母子の対立が頂点に達したと言われています。政宗公が義姫の十三回忌にあたり、若林城の近くに臨済宗少林山保春院を創建しました。栽松院は政宗公の祖母の院号、天溪院及び本寿院は政宗公の側室の院号です

A.10【正解①】
解説：伊達政宗公の命をうけた川村孫兵衛重吉が1624年（元和10年）から築き始めました

A.11【正解④】
解説：奥州越列藩同盟は陸奥・出羽・越後の31藩で締結しました

歴史・史跡・伝統的工芸品

雑学1000題 初級

Q.12 戊辰戦争で、奥州各藩は同盟を結びましたが、その目的は何でしたか。
①新政府から奥州の各藩を守る　②新政府に反対する
③新政府から会津藩・庄内藩を守る　④新政府から仙台藩を守る

Q.13 伊達政宗公の晩年の居城はどこでしたか。
①若林城　②岩切城　③岩出山城　④吉岡城

Q.14 伊達政宗公の時代(慶長～寛永)の石高はいくらでしたか。
①52万石　②62万石　③72万石　④82万石

Q.15 伊達政宗公は70歳で生涯を閉じましたが、逝去された場所はどこでしょうか。
①仙台城　②若林城　③江戸上屋敷　④京都伏見屋敷

Q.16 伊達政宗公が正室を迎えたのは何歳でしたか。
①13歳　②15歳　③17歳　④19歳

Q.17 大崎八幡宮の建築様式は何といいますか。

Q.18 伊達政宗公の血液型は何型でしょうか。
①A型　②B型　③O型　④AB型

Q.19 伊達政宗公は仙台城を築城する前はどこの城にいましたか。
①米沢城　②岩出山城　③山形城　④白石城

Q.20 四ツ谷用水の役割は時代と共に変遷しましたが、どのような役割でできましたか。
①広瀬川の洪水を防ぐ為に水量を分散させる為
②城下の地下水の枯渇を防ぐ為
③城下の農業用水、生活用水、防火用水を確保する為
④城下に用水路を作り舟で荷物等を運搬する為

Q.21 大崎八幡宮の名前の由来はどれですか。
①岩出山地方にいた豪族が大崎と名乗っていたので
②室町時代の奥羽管領大崎氏の名前が由来
③伊達政宗公が岩出山(大崎)から移したので
④豊臣家抱えの大崎性宮大工が造営したので

Q.22 支倉常長が慶長遣欧使節団としてヨーロッパから持ち帰った品々が世界遺産に登録されました。登録遺産の名前は何といいますか。
①世界文化遺産　②世界自然遺産
③世界複合遺産　④世界記憶遺産

正 解 と 解 説 　　　………歴史・史跡・伝統的工芸品

A.12【正解③】
解説：幕府の命で京都守護職にあった会津藩と江戸市中取締りの役にあった庄内藩が、幕府の大政奉還後に朝廷の敵となり、新政府軍から攻撃を受けた時に会津藩と庄内藩を守るために結成された同盟

A.13【正解①】
解説：若林城で晩年を過ごしました。政宗公の死に伴い廃城となりました

A.14【正解②】
解説：62万5,656石5斗4升　直属家臣は7,000人(江戸時代中期には1万人以上)

A.15【正解③】
解説：寛永13年5月24日(新暦1636年6月27日) 70歳で逝去。遺体は仙台に運ばれ経ヶ峰に埋葬されました

A.16【正解①】
解説：三春城主田村清顕の娘愛姫と、1579年(天正7年)に婚礼

A.17【正解　桃山様式】

A.18【正解②】
解説：織田信長もB型

A.19【正解②】

A.20【正解③】
解説：農業用水として利用しただけでなく、城下の生活用水や防火用水として活用されました

A.21【正解②】
解説：室町時代の奥羽管領の大崎氏にあやかって大崎八幡宮としました。奥羽管領大崎氏が滅亡後に伊達政宗公が岩出山に御神体を遷し、仙台開府後に現在の地に遷しました。1952年(昭和27年)に国宝に指定(大崎八幡宮のHPより)

A.22【正解④】
解説：2013年(平成25年)6月にユネスコ記憶遺産国際諮問委員会の審議を経て、世界記憶遺産に登録されました

歴史・史跡・伝統的工芸品

Q.23 四ツ谷用水の名前の由来はどれですか。
①水を取る場所が四ツ谷という部落であった
②取水した水を4本の用水路に分岐させたので
③4箇所から水を取り入れたので
④4つの谷を渡って用水路を築造したので

Q.24 仙台藩の武将に通称「伊達三傑」といわれた人達がいましたが、次の4名の武将で三傑ではない武将は誰でしょうか。
①伊達定宗　②茂庭綱元　③片倉小十郎景綱　④伊達成実

Q.25 仙台市博物館は仙台城の何の跡地に建てられていますか。
①本丸の跡地　②西の丸の跡地
③二の丸の跡地　④三の丸の跡地

Q.26 伊達政宗公の幼名はどれでしょうか。
①竺丸　②拾丸　③梵天丸　④竹千代

Q.27 仙台市は1889年（明治22年）に市政を施行しました。その時の仙台市の人口は何人だったでしょうか。
①5万2,354人　②8万6,352人
③10万2,945人　④12万321人

Q.28 日本初の公共図書館として仙台藩に創設された施設の名前は何といいますか。

Q.29 江戸時代、仙台藩の参勤交代は奥州街道を通って行きました。当時は江戸まで何日かかったでしょうか。
①6日間　②8日間　③11日間　④16日間

Q.30 仙台城の石垣を構築した石は主にどこから切り出されたものですか。
①国見峠　②蕃山　③太白山　④泉ヶ岳

Q.31 史跡「陸奥国分寺」はいつの時代の創建でしょうか。
①飛鳥時代　②奈良時代　③平安時代　④鎌倉時代

Q.32 学問の神様といわれる「菅原道真公」を祀る神社はどこでしょうか。
①仙台東照宮　②榴岡天満宮　③大崎八幡宮　④亀岡八幡宮

Q.33 福の神仙台四郎はどこに祀られていますか。
①金蛇神社　②和霊神社　③野中神社　④三瀧山不動院

正解と解説 .... 歴史・史跡・伝統的工芸品

A.23【正解④】
解説：4つの谷（針金沢、聖沢、鶏沢、へくり沢）を渡って用水を確保したので

A.24【正解①】
解説：伊達定宗は涌谷伊達家初代当主。三傑は、百目木城主茂庭綱元、白石城主片倉小十郎景綱、亘理城主伊達成実で、それぞれ「吏の綱元」「智の景綱」「武の成実」と呼ばれていました

A.25【正解④】
解説：東の丸ともいいます。博物館の前は陸軍の施設でした

A.26【正解③】
解説：梵天は仏法を守り国家に利益を与える神のことです。竺丸は伊達政宗の弟小次郎君、拾丸は豊臣秀頼、竹千代は徳川家康それぞれの幼名です

A.27【正解②】（仙台市HPより）

A.28【正解　青柳文庫】
解説：跡地には現在、一番町スクエアビルが建っています

A.29【正解②】
解説：通常は7泊8日。仙台〜江戸間は92里で1日当り12里〜 15里の移動で、1泊目は蔵王町宮が宿場町でした（「仙台市史通史編3近世1」より）

A.30【正解①】
解説：仙台城の石垣の石は数か所から切り出されました。国見峠付近の大石原地区や、八幡町の三滝地区から郷六地区にかけてが石の産地でした

A.31【正解②】
解説：全国で60か所程度建てられた国分寺の1つで、最北といわれています

A.32【正解②】
解説：毎年受験シーズンになると受験生や父兄が合格祈願して、絵馬に志望校など書いているのが見うけられます。三代藩主綱村公が1667年（寛文7年）にこの地に創建しました。菅原道真公の直筆の書が奉納されています

A.33【正解④】
解説：三瀧山不動院はクリスロード商店街一角にあります

歴史・史跡・伝統的工芸品

雑学1000題 初級

Q.34 学校法人聖ウルスラ学院英智の校内にある古墳はどれですか。
　　①遠見塚古墳　②猫塚古墳　③蛇塚古墳　④法領塚古墳

Q.35 仙台城跡には伊達政宗公の銅像があります。一緒にいる動物は何でしょうか。
　　①猫　②犬　③牛　④馬

Q.36 江戸時代に仙台藩にあった青柳文庫の由来はどれですか。
　　①仙台藩の蔵書を集めて出来た
　　②商人が約千両のお金を拠出して出来た
　　③仙台藩の学問所から発展して出来た
　　④仙台藩の本屋から発展して出来た

Q.37 仙台市縄文の森広場は約4,000年前にあったある遺跡を保存して活用している施設です。保存されている遺跡はどれですか。
　　①遠見塚古墳　②富沢遺跡　③郡山遺跡　④山田上ノ台遺跡

Q.38 遠見塚古墳の形状はどれですか。
　　①前方後円墳　②円墳　③方墳　④双方中円墳

Q.39 仙台市内にあるといわれている支倉常長の墓はどこにあるでしょうか。
　　①東昌寺　②輪王寺　③光明寺　④資福寺

Q.40 伊達政宗公は北の砦として北山五山を配置しました（後に満勝寺は移転）。次の中で北山五山に含まれないのはどれですか。
　　①東昌寺　②資福寺　③光明寺　④輪王寺　⑤覚範寺

Q.41 仙台市内には各所に七福神が祀られていますが、藤崎百貨店の屋上にある七福神は何といいますか。
　　①弁財天　②大黒天　③福禄寿　④恵比寿

Q.42 仙台市内には藩政時代に築造された堰が3か所あります。次の中で「仙台三堰」でないのはどれでしょうか。
　　①四ツ谷用水　②六郷掘　③七郷掘　④貞山運河

Q.43 仙台四郎は何の神と言われているでしょうか。
　　①子孫繁栄　②学業成就　③商売繁盛　④交通安全

Q.44 仙台の伝統的工芸品である仙台平は、郷土産業の振興のために、時の藩主が織物師を召し抱えたことが始まりといわれています。藩主は誰でしたか。
　　①伊達政宗公　②伊達忠宗公　③伊達綱宗公　④伊達綱村公

正解と解説 ☞ ……… 歴史・史跡・伝統的工芸品

A.34【正解④】
解説：古墳時代後期7世紀前半の遺跡で、高さ12m、面積2,400㎡。この時代の古墳としては東北地方最大規模

A.35【正解④】
解説：伊達政宗公の愛馬。馬上蠣崎(うばがみかきざき)稲荷神社に墓があります

A.36【正解①】
解説：1831年(天保元年)仙台藩出身の商人青柳文蔵が、江戸で財をなして自分の蔵書と金千両を供出して出来た公共図書館です

A.37【正解④】
解説：山田上ノ台遺跡は、旧石器時代から江戸時代に至る複合遺跡

A.38【正解①】
解説：1968年(昭和43年)に国の史跡指定。墳丘は主軸長110m、後円部の高さ6.5m。4世紀後半から5世紀初頭に作られました。その時代の仙台平野を支配していた豪族の墓と伝わっています(仙台市のHPより)

A.39【正解③】
解説：仙台市内は青葉区北山の光明寺に、県内では川崎町円福寺、大郷町メモリアルパークに墓があると伝わっています

A.40【正解④】
解説：東昌寺は樹齢500年マルミガヤ(国の天然記念物)、資福寺はアジサイ寺として有名です。光明寺はソテロ、支倉常長の墓が、覚範寺は政宗公のご母堂保春院の墓があります

A.41【正解④】
解説：元々、屋号を「得可主屋(えびすや)」で創業し、店のシンボルとして「えびす様」を商標等に使用していたことから、兵庫県の西宮神社から勧請して祀っています

A.42【正解④】
解説：藩政時代に築造された四ツ谷用水、六郷堀、七郷堀の3か所。貞山運河は名取川～七北田川の新堀が1870年(明治3年)から開削工事が始まりました(若林区まちづくり推進課発行堀DAYマップより)

A.43【正解③】
解説：商売繁盛と開運・家内安全にご利益があるといわれています

A.44【正解④】
解説：第四代藩主伊達綱村公によって産業として発展しました。五代藩主伊達吉村公の時代に改良が加えられて更に発展しました(仙台市HPより)

歴史・史跡・伝統的工芸品

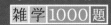

Q.45 仙台市には11の伝統的工芸品がありますが、最も早く国の伝統的工芸品に指定されたものはどれでしょうか。
　　　①宮城伝統こけし　　②仙台箪笥　　③堤人形　　④仙台平

Q.46 仙台市の伝統的工芸品である堤焼の創始者は誰でしょうか。
　　　①川崎瑛之丞　　②松川豊之進　　③上村万右衛門　　④梅村日向

Q.47 仙台の伝統的工芸品の仙台張子とは何の工芸品を指しますか。
　　　①堤人形　　②ガラス製品　　③玉虫塗り工芸品　　④松川だるま

Q.48 青葉区堤町は伝統的工芸品の制作工房や史跡等が残っています。次の中で堤町にないものはどれですか。
　　　①堤人形　　②松川だるま　　③登り窯　　④仙台御筆

正 解 と 解 説 ☞ ········ 歴史・史跡・伝統的工芸品

A.45【正解①】
解説：「宮城伝統こけし」1981年（昭和56年）国の指定
「堤人形」1984年（昭和59年）県の指定
「仙台平」1985年（昭和60年）県の指定
「仙台箪笥」2015年（平成27年）国の指定

A.46【正解③】
解説：300年以上前の元禄年間に、四代藩主伊達綱村公が江戸から陶工上村万右衛門を招き、制作や技術指導が行われました。下級武士の副業として茶器や日常陶器が作られました（堤焼乾馬窯HPより）

A.47【正解④】
解説：天保年間（1830年～1844年）に仙台藩士松川豊之進によって創始されたものと伝えられています。1985年（昭和60年）宮城県伝統的工芸品に指定

A.48【正解④】
解説：仙台御筆は堤町にありません。それ以外の3つは現在も堤町の佐代商店にあります

観光・伝統行事・イベント

Q.49 仙台市の桜の開花は例年いつでしょうか。
　　①4月8日　②4月11日　③4月15日　④4月21日

Q.50 仙台市営地下鉄東西線の国際センター駅2階に、市民の憩いの場として開設された多目的スペースの名前は何といいますか。
　　①あおばの広場　②青葉の風テラス
　　③市民のテラス　④東西線交流テラス

Q.51 秋保工芸の里には工房は何か所ありますか。
　　①7か所　②8か所　③9か所　④10か所

Q.52 毎週土曜日(18:30～20:00)に、参加費無料座禅会を行っている仙台市の北山にある寺はどこでしょうか。
　　①東昌寺　②輪王寺　③光明寺　④資福寺

Q.53 仙台市内にある海水浴場はどこでしょうか。
　　①菖蒲田海水浴場　②深沼海水浴場
　　③月浜海水浴場　　④お伊勢浜海水浴場

Q.54 平成29年度の仙台市への観光客入込数(来訪者の実数)は何人でしょうか。
　　①約1,000万人　②約1,500万人
　　③約1,900万人　④約2,200万人

Q.55 2015年(平成27年)開館した「仙台うみの杜水族館」のマスコットキャラクターの名前は何といいますか。
　　①イルカのベンちゃん　　②アシカのスマートくん
　　③ペンギンのモーリー　　④マイワシの磯ちゃん

Q.56 仙台市が2016年(平成28年)と2018年(平成30年)に発行した観光情報誌は何といいますか。
　　①ウィクリー仙台　②週末仙台
　　③仙台旅日和情報　④イベント情報満載

Q.57 作並温泉は恋人の聖地として、お湯をかけると願いがかなうとされている「恋のお湯かけ地蔵」があり、お地蔵様にかけるお湯が小瓶に入って販売されています。小瓶に入ったお湯は何種類ありますか。
　　①3種類　②5種類　③7種類　④9種類

正解と解説 ········ 観光・伝統行事・イベント

A.49【正解②】
解説：気象庁の統計によると、桜の平年の開花日は4月11日。最も早い開花が2002年（平成14年）3月29日、最も遅かったのは1984年（昭和59年）4月28日でした

A.50【正解②】
解説：各種のイベント等が開催できます

A.51【正解③】
解説：伝統こけし3か所　仙台箪笥1か所　染織1か所　独楽1か所　埋もれ木細工1か所　煎茶用具1か所　自然木加工1か所

A.52【正解②】
解説：一般人でも参加OK。光明寺、資福寺でも行われていますが、参加条件、時期等が限定されています（臨済禅黄檗禅HPより）

A.53【正解②】
解説：菖蒲田は七ヶ浜町、月浜は石巻市、お伊勢浜は気仙沼市です

A.54【正解④】
解説：平成29年度2,200万1,714人。平成28年度は2,214万6,806人でしたので、前年比99.3%（仙台市HPより）

A.55【正解③】
解説：英名Mollie The Penguin。特技はフィギュアスケートで、好きな食べ物は「笹かまぼこ」と「長なす漬け」です（仙台うみの杜水族館HPより）

A.56【正解②】
解説：正式タイトルは「今度の週末は仙台にいこう！」　2016年4月と2018年4月に発行。"物語のある街・仙台"をテーマに、食・歴史・雑貨・自然などを紹介する観光ガイドブックです。TIC Tokyo（丸の内トラストタワーN館1F）、仙台観光情報センター（仙台駅びゅうプラザ内）で配布

A.57【正解②】
解説：NPO法人地域活性化支援センターが2006年（平成18年）4月1日から、全国の観光地域の中からプロポーズにふさわしいロマンティックなスポットを恋人の聖地と選定しています。作並温泉の小瓶には、宿ごとに異なるキーワードが書かれており、全て集めるとある1つの言葉になります（恋人の聖地PROJECT HPより）

観光・伝統行事・イベント

雑学1000題

Q.58 「仙台うみの杜水族館」には、大小合わせて何基の水槽がありますか。
　　　①約60基　　②約80基　　③約100基　　④約120基

Q.59 勾当台公園で1年間に開催されるイベントは何件ですか。
　　　①100件以下　　②100〜130件　　③130〜170件　　④170件以上

Q.60 毎年2月上旬に「雪んこまつり」が行われる場所はどこですか。
　　　①作並湯の駅ラサンタ　　②生出市民センター
　　　③泉ヶ岳スキー場　　④秋保ビジターセンター

Q.61 毎年秋に開催される「せんくら」といえば、何のことでしょうか。
　　　①仙台国際音楽コンクール　　②ジュニアオーケストラ
　　　③杜の都の演劇祭　　④仙台クラシックフェステバル

Q.62 仙台市総合観光案内所はどこにありますか。
　　　①三越1階　　②藤崎1階
　　　③クリスロード内　　④仙台駅2階びゅうプラザ

Q.63 仙台市内で秋に「萩まつり」が行われるのはどこの公園でしょうか。
　　　①三神峰公園　　②榴ヶ岡公園　　③仙台市野草園　　④水の森公園

Q.64 SENDAI光のページェントで途中で全ての灯りが約1分間消灯して、一斉に再点灯することを何といいますか。
　　　①ライトアップ・ウィンク　　②スターライト・ウィンク
　　　③ウィンクアップ・ライト　　④ライトアップ・アゲイン

Q.65 卸町ふれあい市は2日間で5万人が集うイベントですが、開催は年に何回ですか。
　　　①1回　　②2回　　③3回　　④4回

Q.66 仙台七夕花火祭が行われるのはいつでしょうか。

Q.67 2018年(平成30年)に世界大会の出場をかけた大会が、ゼビオアリーナで開催されました。競技種目は何でしょうか。
　　　①3on3バスケットボール大会　　②ジュニアバスケットボール大会
　　　③ドローンレース大会　　④ミニレーシングカーレース大会

Q.68 「とっておきの音楽祭」のキャッチコピー「みんなちがってみんないい」はある詩人の詩の一節を引用したものです。それは誰ですか。
　　　①土井晩翠　　②金子みすず　　③俵万智　　④島崎藤村

正解と解説 ☞　　　……… 観光・イベント・伝統行事

A.58【正解②】
解説：ロゴマークは仙台の仙を模しています。イルカやアシカのパフォーマンスも行われています（仙台うみの杜水族館HPより）

A.59【正解③】
解説：年間150件前後。2017年（平成29年）は151件でした

A.60【正解④】
解説：かんじき体験、雪中宝さがし等たくさんのイベントを用意しています

A.61【正解④】
解説：2018年（平成30年）は、3日間合計121公演に3万8,600人の来場者がありました

A.62【正解④】
解説：カウンターにスタッフ3名で対応。年中無休9:00～19:00まで。ホテルやレストランが検索できるパソコンも準備されています

A.63【正解③】
解説：毎年9月上旬から中旬にかけて開催されています

A.64【正解②】
解説：SENDAI光のページェントは、仙台の冬の風物詩となっています。スターライト・ウィンクは18:00 19:00 20:00の3回実施

A.65【正解②】
解説：1971年（昭和46年）の「出庫市（でこいち）」が始まり。元々は従業員たちの福利厚生や在庫整理が目的で、秋に年1回の開催でした。2001年（平成13年）から春と秋の2回開催しています。1989年（平成元年）から「卸町ふれあい市」とし、一般にも対象を拡げた地域一帯のイベントになっています（卸町ふれあい市HPより）

A.66【正解　8月5日】
解説：1970年（昭和45年）「七夕前夜祭」として始まりました。2018年（平成30年）は49回目1万6000発の花火があがりました

A.67【正解③】
解説：2016年（平成28年）から3年続けて仙台で開催。
JAPAN DRONE NATIONALS 2018 in SENDAI

A.68【正解②】
解説：とっておきの音楽祭は2001年（平成13年）に仙台から発祥した音楽祭です。2019年現在、全国18都市で開催しています。金子みすゞ（1903年〈明治36年〉～1930年〈昭和5年〉）は「金の星」「童話」などで活躍した詩人で、引用した「私と小鳥と鈴と」は生前の未発表作品

観光・伝統行事・イベント

Q.69 仙台港にある「夢メッセみやぎ」は仙台市内では最大のイベント会場です。夢メッセみやぎはいつできた施設ですか。
①1980年(昭和55年・市立病院が五橋に移転)
②1989年(平成元年・政令指定都市スタート)
③1995年(平成7年・若い音楽家のためのチャイコフスキー国際コンクール開催)
④2003年(平成15年・仙台カップ国際ユースサッカー大会開催)

Q.70 東北楽天ゴールデンイーグルスの優勝パレードや荒川・羽生選手の冬季オリンピックフィギュアスケートで金のメダル獲得のパレードが行われた場所はどこですか。
①定禅寺通　②青葉通　③東二番丁通　④広瀬通

Q.71 柴燈大護摩供(通称火渡り修行)はどこの行事でしょうか。
①護国神社　　　②大崎八幡神宮
③陸奥国分寺薬師堂　④愛宕神社

Q.72 どんと祭の裸参りに参加する人たちは口にある物のを咥えています。それは何でしょうか。
①白いハンカチ　②白い手ぬぐい　③白い餅　④白い含み紙

Q.73 仙台市の伝統行事である「仙台初売り」はいつ頃から始まりましたか。
①伊達政宗公の時代から　②明治時代になってから
③昭和の始め　　　　　　④戦後の復興期から

Q.74 広瀬川灯篭流しが行われるのはいつですか。

Q.75 仙台初売りは何日間認められていますか。
①元日から3日間　②1月2日から3日間
③1月2日から1週間　④元日から1か月間

Q.76 大崎八幡宮のどんと祭の来場者数は何人ですか。
①約5万人　②約7万人　③約10万人　④約20万人

Q.77 仙台七夕と同日に行われる「七夕ナイト」はどこで行っていますか。
①仙台城　②瑞鳳殿　③北山五山　④大年寺山公園

正解と解説 ☞ ……… 観光・伝統行事・イベント

A.69【正解③】
解説：1987年(昭和62年)「未来の東北博覧会」の跡地に宮城県が建築したもので、現在は共同事業体(夢メッセ、同和興業、河北新報社、仙台放送、東北放送)が管理運営を行っています(夢メッセみやぎHPより)

A.70【正解③】
解説：東二番丁通でのパレードはこれまでに4回行われています。
　①2006年(平成18年) 荒川静香 トリノ五輪 金メダル
　②2013年(平成25年) 東北楽天ゴールデンイーグルス 日本一
　③2014年(平成26年) 羽生結弦 ソチ五輪 金メダル
　④2018年(平成30年) 羽生結弦 平昌五輪 金メダル

A.71【正解③】
解説：毎年2月11日に行われます

A.72【正解④】
解説：含み紙を咥えるのが慣わしとなっています(大崎八幡宮HPより)

A.73【正解①】
解説：伊達輝宗公が政宗公に家督を継承する時に、「買い初めは正月2日に城下で行うべし」と書き残しました。米沢から岩出山、仙台へと城を移す際に城下の町人も一緒に移るため、米沢での伊達家の習慣がそのまま持ち込まれたと言われています

A.74【正解　8月20日】
解説：2019年で30回目を迎えます

A.75【正解②】
解説：「歴史ある商習慣に基づくもの」との理由で、伝統行事とみなし特例として認められています

A.76【正解③】
解説：例年来場者約10万人、裸参りの参加は約100団体約3,000人です。どんと祭は正月の送り行事として行われます。御神火にあたると心身が清められ一年間無病息災や家内安全の加護を得る言い伝えがあります(ネット「みやぎまるごと探訪」より)

A.77【正解②】

観光・伝統行事・イベント

雑学1000題

Q.78 仙台七夕の飾りで投網はどんなことをお願いすることを目的に吊り下げますか。
　　　①豊漁を願う　　　　　　　②豊作を願う
　　　③編み物が上手になる事を願う　④漁の上達を願う

Q.79 仙台東照宮の春祭りはいつ行われますか。

Q.80 仙台七夕祭りはいつ行われますか。

Q.81 仙台青葉まつりはいつ行われますか。

Q.82 2016年(平成28年)から仙台市中心市街地で始まった「まちくるパフォーマーズ仙台」は何でしょうか。
　　　①大道芸　②お笑い寄席　③漫才　④音楽コンサート

Q.83 仙台七夕ではどんなことをお願いする為に屑籠を飾りますか。
　　　①清潔と倹約と整理整頓を願う　②ごみを出さないように願う
　　　③お金が貯まることを願う　　　④家財を守ることを願う

Q.84 仙台七夕ではどんなことをお願いする為に短冊を飾りますか。
　　　①俳句の上達　　②読書ができること
　　　③学問と書の上達　④武術の上達

Q.85 次の伝統行事「御鎮座記念祭(雅楽の夕べ)」は8月にどこで開催されるでしょうか。
　　　①瑞鳳殿　②東照宮　③陸奥国分寺薬師堂　④大崎八幡宮

Q.86 奥州・仙台おもてなし集団、伊達武将隊はいつ結成されましたか。
　　　①2005年(平成17年)
　　　②2010年(平成22年)
　　　③2015年(平成27年)

正解と解説 ……… 観光・伝統行事・イベント

A.78【正解①】
解説：投網は魚を取る時に使用するので、豊漁、大漁を願う飾りとされています

A.79【正解 4月第3土曜日・日曜日】
解説：仙台東照宮は二代藩主伊達忠宗公によって1654年(承応3年)に創建。徳川家康公の命日の4月17日にちなんで行われるようになりました。祭りでは50店程の露店もでる他に、毎月1回骨董市も行われています

A.80【正解 8月6日～8月8日】
解説：明治になって太陽暦となったため、8月実施が定着。一時衰退した時期もありましたが、昭和3年の東北産業博覧会を期に復活しました。全国的には神奈川県平塚市と愛知県一宮市で盛大に行われています

A.81【正解 5月第3土曜日・日曜日】
解説：もともと青葉神社の祭礼でしたが、交通事情により一時途絶えていたものを1985年(昭和59年)に市民のまつりとして復活しました。政宗公の命日5月24日に併せて5月開催しています

A.82【正解①】
解説：2016年(平成28年)から、仙台市中心部商店街活性化協議会が主催。まちくるパフォーマーズ仙台事務局から活動許可のライセンスを受けたパフォーマーたちが2019年現在、市内16か所の公共空間のいずれかで、月に数回大道芸を披露しています。開始の趣旨は「まちににぎわいを創出し、魅力を高めて笑顔あふれる楽しいまちを創造する」こと(まちくるパフォーマーズ仙台HPより)

A.83【正解①】
解説：屑籠には七夕飾りを作る時に出た紙屑などを中に入れて飾るのが一般的

A.84【正解③】
解説：七夕は中国から伝来した宮中行事の乞巧奠(こうきでん)が民間に伝わったもので、裁縫や織物の上達を願った行事です。宮中行事であったころは短冊に和歌やお願い事を書いていたことから短冊には主に学問と書の上達を願います

A.85【正解④】
解説：御鎮座390年を記念して1996年(平成8年)に初めて行われました。以後毎年8月12日に行われています。真夏の夕暮れに篝火のもと舞う舞人とそれを包み込む音楽は幻想的な古代へと誘います。拝観料は一家族3,000円よりお気持ちで(大崎八幡宮HPより)

A.86【正解②】
解説：仙台市と宮城県をPRする為の仙台観光PR隊。2018年(平成30年)現在8名で活動中(伊達武将隊HPより)

芸術・文化

Q.87 2014年（平成26年）から制作されていたテレビアニメ「Wake up Girls!」は、仙台を舞台にアイドルとして活動する7人の少女物語です。次の登場人物のうち仙台出身なのは誰ですか。
　①林田 藍里（Airi）　　②片山 実波（Minami）
　③七瀬 佳乃（Yoshino）　④久海 菜々美（Nanami）

Q.88 宮城県美術館に併設されている記念館の名称は何と言いますか。
　①土井晩翠記念館　②佐藤忠良記念館
　③原阿佐緒記念館　④伊達政宗記念館

Q.89 仙台出身の鈴木京香主演で1991年（平成3年）に放送されたNHKの朝の連続ドラマの原作者は誰ですか。
　①林芙美子　②石堂叔郎　③菊田一夫　④竹山洋

Q.90 仙台には4つの民放テレビ局がありますが、東日本放送のキー局はどこですか。
　①テレビ朝日　②フジテレビ　③TBS放送　④日本テレビ

Q.91 地下鉄東西線の荒井駅前に2017年（平成29年）5月にオープンしたライブホールは何と言いますか。
　①仙台ライブ　②仙台モール　③仙台ステージ　④仙台GIGS

Q.92 仙台市内で多目的ホールとして一番大きい施設はどこでしょうか（固定席ホールのみ）。
　①仙台銀行ホールイズミティ21
　②トークネットホール仙台（市民会館）
　③仙台サンプラザ
　④東京エレクトロンホール宮城（県民会館）

Q.93 テレビアニメ「Wake up Girls!」で、登場人物の真夢と藍里の初詣のシーンのモデルとなった神社はどこでしょう。
　①東照宮　②大崎八幡宮　③青葉神社　④榴岡八幡宮

Q.94 秋保地域には、秋保工芸の里とは別にアーティストが活動する拠点があります。拠点の名称は何と言いますか。
　①秋保アトリエ工房の杜　②秋保癒しの工房
　③秋保石神ガーデンの杜　④石神ゆめの森

正解と解説 ☞ ・・・・・・・・・・・・・・・・・・・・ 芸術・文化

A.87【正解①】
　解説：2014年(平成26年)劇場版とTVとの連作で制作されたアニメ

A.88【正解②】
　解説：佐藤忠良氏は大和町出身で、彫刻、素描、版画、油彩画等を制作しました。1994年(昭和19年)兵役に召集され、シベリア抑留生活を送ることとなりました。帰還後、製作活動を再開し、高村光太郎賞、芸術選奨文部大臣賞等を受賞しました。2011年(平成23年)に死去

A.89【正解③】
　解説：林芙美子は「うず潮」、石堂淑郎は「火の国に」の原作者　竹山洋は「天花」の脚本家

A.90【正解①】
　解説：1975年(昭和50年)に開局。事業筆頭株主はテレビ朝日で、27%の議決権を所有しています(総務省HPより)

A.91【正解④】
　解説：収容人員1,560人で、ライブ、コンサート、格闘技などが出来る施設です

A.92【正解③】
　解説：仙台銀行ホールイズミティー21が1,456席、トークネットホール仙台(市民会館)1,310席、仙台サンプラザ2,710席、東京エレクトロンホール宮城(県民会館)1,590席

A.93【正解②】

A.94【正解④】
　解説：絵画・陶芸・ガラス工房、ほうねん座等11の団体で構成しています

芸術・文化

Q.95 仙台市出身の作家恩田陸が2017年(平成29年)に直木賞と本屋大賞をダブル受賞した作品はどれでしょうか。
　　　①夜のピクニック　　②蜜蜂と遠雷
　　　③ユージニア　　　　④エンドゲーム常野物語

Q.96 宮城県美術館のアリスの庭に多く置かれている彫刻は何でしょうか。
　　　①主に人間を題材としたモニュメント
　　　②主に動物を題材としたモニュメント
　　　③幻想的なモニュメント
　　　④宇宙を題材としたモニュメント

正解と解説 ▶︎ 芸術・文化

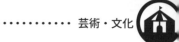

A.95【正解②】
解説:「夜のピクニック」は2005年(平成17年)第2回本屋大賞授賞。「蜂蜜と遠雷」で2017年(平成29年)第14回本屋大賞と第156回直木三十五賞をダブル受賞。「ユージニア」2006年(平成18年)第59回日本推理作家協会賞

A.96【正解②】
解説:ウサギ、ネコなどの動物を題材とした彫刻が11点設置されています

人物

Q.97 仙台市立木町通小学校の出身で、現在、ミュージカル、タレント等で活躍し、菊田一夫演劇賞等を受賞したオペラ歌手は誰ですか。

Q.98 仙台文学館元館長の井上ひさしの出身県はどこでしょうか。
①山形県　②宮城県　③福島県　④岩手県

Q.99 井上ひさしは何という作品で直木賞を受賞しましたか。
①吉里吉里人　②ドン松五郎の生活
③シャンハイムーン　④手鎖心中

Q.100 島崎藤村の記念碑がある場所はどこですか。
①榴ヶ岡公園　②西公園
③仙台博物館庭園　④仙台駅東口名掛丁

Q.101 2011年(平成23年)から河北新報朝刊(毎週火曜日)に連載されている「漫画独眼竜政宗」の作者は誰でしょうか。
①千葉真弓　②熊谷さとし　③葛西映子　④内崎まさとし

Q.102 仙台市名誉市民の千嘉代子は何の分野で活躍された方でしょうか。
①短歌　②箏　③生け花　④茶道

Q.103 仙台市出身の漫画家荒木飛呂彦の代表作はどれでしょうか。
①サイボーグ009　②美人妻が行く
③天牌　④ジョジョの奇妙な冒険

Q.104 東京都出身で東北大学医学部卒業の異色の作家は誰でしょうか。
①志賀潔　②北杜夫　③瀬名秀明　④佐藤義衛門

Q.105 土井晩翠の本名はなんと言いますか。
①土井林吉　②土井浩太郎　③土井吉衛門　④土井良三

Q.106 仙台市選出で佐藤栄作内閣で外務大臣等を務めた政治家は誰でしょうか。
①伊藤宗一郎　②愛知揆一　③大石武一　④長谷川峻一

Q.107 魯迅は医学を学ぶために来日しましたが、出身国はどこですか。
①北朝鮮　②台湾　③韓国　④中国

Q.108 仙台市出身(旧宮城郡)で赤痢菌を発見した科学者は誰でしょうか。
①志賀潔　②黒川利雄　③熊谷岱蔵　④石田名香雄

正解と解説 ☞ ・・・・・・・・・・・・・・・・・・・・・・ 人物

A.97【正解　森公美子】

A.98【正解①】
解説：山形県東置賜郡川西町出身

A.99【正解④】
解説：37歳で第67回直木賞を受賞、「吉里吉里人」はSF大賞、「ドン松五郎の生活」は吉川栄治文学賞、「シャンハイムーン」は谷崎潤一郎賞

A.100【正解④】
解説：東北学院大学に作文教師として赴任、下宿先の三浦屋旅館跡地の一部が藤村公園となりました」(東北学院大学HPより)

A.101【正解①】
解説：2011年(平成23年)9月から掲載。2019年3月現在第199話まで掲載しています

A.102【正解④】
解説：茶道裏千家十五代家元千宗室の母。仙台出身。1897年(明治30年)生まれ、1946年(昭和21年)に国際交流のため、国際茶道文化協会を設立して、茶道文化の振興に尽力しました。1969年(昭和44年)に仙台市名誉市民

A.103【正解④】
解説：1987年(昭和62年)から週刊少年ジャンプに連載。2019年現在Part8「ジョジョリオン」を月刊ウルトラジャンプに掲載しています

A.104【正解②】
解説：1927年(昭和2年)生まれ。医学博士(慶應義塾大学で修士課程)。代表作「どくとるマンボウ航海記」。2011年(平成21年)に死去84歳

A.105【正解①】
解説：本名 土井林吉(りんきち)。英文学者で詩人。1874年(明治4年)仙台生まれ。詩人として有名になり、多くの人が「土井(ツチイ)」を「ドイ」と呼ぶようになりました。昭和50年代初めに土井家にNHKが確認した際に「ドイ」との回答を得ています(NHK放送文化研究所HPより)

A.106【正解②】
解説：佐藤内閣で外務大臣を務め、沖縄返還日米交渉等に尽力しました

A.107【正解④】
解説：本名は周樹人。仙台城本丸跡に佐藤忠良作の銅像が在ります。1881年(明治11年)生まれ。1902年(明治35年)東北大学医学部に留学(医学専攻)、その後小説家になりました。多くの中学の教科書に魯迅の作品が掲載されています

A.108【正解①】
解説：1897年(明治30年)に赤痢菌発見、墓所は輪王寺。黒川利雄は癌の治療、熊谷岱蔵は結核の臨床化学、石田名香雄は仙台ウィルスを発見した科学者です

人 物

Q.109 島崎藤村が東北学院大学に勤務当時に執筆した詩集は何と言いますか。
　　①涙痕詩集　　②曙光　　③馬喰八十八伝　　④若菜集

Q.110 仙台市出身の鈴木京香がヒロインとして出演した1991年（平成3年）のNHKの朝の連続ドラマはどれですか。
　　①君の名は　　②火の国に　　③おしん　　④虹を織る

Q.111 支倉常長はマドリードの修道院で洗礼を受けました。洗礼名は何と言いますか。
　　①ウィリアム・アダム　　②シピオーネ・アマティ
　　③アルキータ・リッチ　　④ドン・フィリポ・フランシスコ

Q.112 東北大学物理学教授の本多光太郎は1917年（大正6年）に「KS鋼」を発明しました。「KS鋼」はどんな金属でしょうか。
　　①鉄鋼　　②ステンレス鋼　　③磁石鋼　　④特殊鋼

Q.113 京都府出身で明治から大正時代に東北帝国大学で活躍した眞島利行は何を研究していましたか。
　　①半導体　　②光通信　　③有機化学　　④遺伝子

Q.114 東北大学は光通信の発祥地です。光通信を開発したのは誰でしょうか。
　　①岩崎俊一　　②西澤潤一　　③岡部金次郎　　④増岡富士雄

Q.115 仙台市出身のプロ野球選手で「ハマの大魔神」と言われたプロ野球選手は誰でしょうか。
　　①金本智憲　　②ダルビッシュ有　　③佐々木主浩　　④斎藤隆

Q.116 神戸市出身で2019年現在海外で活躍しているプロサッカー選手で、高校まで仙台のクラブチームに在籍していた選手は誰でしょうか。
　　①香川真司　　②本田圭佑　　③長友佑都　　④岡崎慎司

Q.117 仙台市出身の荒川静香と羽生結弦はオリンピックで金メダルを獲得しました。2人は高校、大学の先輩後輩の間柄です。2人が卒業した高校、大学の組み合わせはどれですか。
　　①東北高校、慶応大学　　②東北高校、早稲田大学
　　③育英高校、法政大学　　④育英高校、明治大学

正 解 と 解 説 ☞ ………………………… 人物

A.109【正解④】
解説：1896年(明治29年)に東北学院大学の作文教師として1年ほど赴任、その時に執筆したのが「若菜集」(東北学院大学HPより)

A.110【正解①】
解説：原作菊田一夫、脚本井沢満、他。共演倉田てつを。1991年(平成3年)4月〜1992年(平成4年)3月までの1年間放映されました

A.111【正解④】
解説：フェリペ三世が臨席のもと、デスカルサス・レアレス修道院(王立跣足派女子修道院付属教会)で洗礼を受けました

A.112【正解③】
解説：それまでの3倍の保磁力を有した当時の「世界最強」の永久磁石を発明した仙台市の名誉市民。第1回文化勲章受賞、東北大学総長、同名誉教授、東京理科大学学長などを歴任

A.113【正解③】
解説：ドイツに留学して天然有機化学を研究した第一人者

A.114【正解②】
解説：2009年(平成21年)に光通信の基本技術を開発しました。1989年(平成元年)文化勲章受賞。2018年(平成30年)10月死去

A.115【正解③】
解説：東北高校、東北福祉大学を経て、1989年(平成元年)横浜大洋ホエールズ(現横浜DeNAベイスターズ)入団)横浜ベイスターズ、メジャーリーグのシアトルマリナーズで抑えの投手として活躍しました。2005年(平成1994年)に現役を引退

A.116【正解①】
解説：神戸出身1989年(平成元年)生まれ。中学校1年でジュニアユースチームのFCみやぎバルセロナにサッカー留学、仙台時代にU-15 U-18等日本代表に選出されています。高校2年の時にセレッソ大阪と契約

A.117【正解②】

行政

雑学1000題　初級

Q.118 2018年(平成30年)度の仙台市の一般会計予算に占める割合の最も高いのは何費ですか。
　　　①土木費　　②教育費　　③公債費(借入金返済)　　④健康福祉費

Q.119 仙台市は長野県中野市と姉妹都市を提携しています。何の繋がりで提携を結んでいるでしょうか。
　　　①観光　　②歴史　　③音楽　　④友好

Q.120 仙台市の税収で最も多いのはどれでしょうか(平成30年度の当初予算)。
　　　①個人市民税　　②法人市民税　　③固定資産税　　④都市計画税

Q.121 仙台市の市の花はどれですか。
　　　①ツツジ　　②ハギ　　③ひまわり　　④コスモス

Q.122 仙台市の市の木はどれですか。
　　　①杉　　②ケヤキ　　③黒松　　④イチョウ

Q.123 仙台市の市の虫はどれですか。
　　　①せみ　　②スズムシ　　③カナヘビ　　④赤とんぼ

Q.124 仙台市内には裁判所は何か所ありますか。
　　　①1か所　　②2か所　　③3か所　　④4か所

Q.125 2019年3月末現在、仙台市市議会の定員数は、何人ですか。
　　　①45名　　②55名　　③65名　　④75名

Q.126 2017年(平成29年)の7月の市長選挙で当選した郡和子は何代目の市長でしょうか。
　　　①第18代市長　　②第26代市長　　③第31代市長　　④第35代市長

Q.127 平成28年度の仙台市内の総生産はどれぐらいでしょうか。
　　　①約3兆900億円　　②約4兆3,000億円
　　　③約5兆600億円　　④約6兆1,000億円

Q.128 仙台市が管理する道路の実延長は何kmぐらいでしょうか(2018年〈平成30年〉4月1日現在)。
　　　①約1,500km　　②約2,700km　　③約3,700km　　④約4,500km

正 解 と 解 説 ☞ .... 行 政

A.118【正解④】
解説：仙台市の平成30年度の一般会計予算5,390億円のうち、健康福祉費1,917億円で全体の35%を占めます。2位が教育費で931億円、11,7%

A.119【正解③】
解説：作曲家中山晋平が中野市出身、作曲家滝廉太郎が竹田市に縁、作詞家土井晩翠が仙台市出身のということで、音楽を通じて友好関係を深めるため3市で音楽姉妹都市を結んでいます

A.120【正解③】
解説：個人市民税837億円12.1%、法人市民税262億円4.3%、固定資産税720億円12.7%、都市計画税144億円2.6%(仙台市HPより)

A.121【正解②】
解説：市民の自然愛護の象徴として1971年(昭和46年)に制定。仙台市健康都市宣言10周年を記念して、花・木・鳥・虫を定めました(仙台市HPより)

A.122【正解②】

A.123【正解②】

A.124【正解④】
解説：高等裁判所、地方裁判所、家庭裁判所、簡易裁判所の4か所

A.125【正解②】
解説：青葉区15名、宮城野区10名、若林区7名、太白区12名、泉区11名、合計55名(仙台市議会HPより)

A.126【正解④】
解説：前職は衆議院議員、2005年(平成17年)から12年間務めました

A.127【正解③】
解説：仙台市内の総生産額は5兆577億円。最も総生産が高いのは卸売・小売業の9,477億円(「平成29年度版仙台市統計書」より)

A.128【正解③】
解説：2018年(平成30年)4月1日現在、仙台市が管理する道路延長は国道51.5km、県道241.5km、市道3,445.5km、計3,738.4km

行政

雑学1000題 初級

Q.129 仙台市は海外の都市と姉妹都市を締結しています。その中のミンスク市はどこの国にありますか。
①アメリカ合衆国　②ロシア連邦
③フランス共和国　④ベラルーシ共和国

Q.130 仙台市は学校体育施設を市民スポーツのために開放していますが、利用できない要件で1つだけ違うものがあります。それはどれでしょうか。
①政治的活動の為の利用　②宗教的活動の為の利用
③専ら営利を目的とする利用　④自由活動の為の利用

Q.131 仙台市の5区のうち、最も人口の多い区はどこでしょうか(2019年〈平成31年〉2月1日現在)。
①青葉区　②宮城野区　③若林区　④太白区　⑤泉区

Q.132 仙台市は海外都市と友好・姉妹姉妹の協定を締結しています。2019年現在、締結している都市は何都市でしょうか。
①6都市　②7都市　③8都市　④9都市

Q.133 せんだい農業園芸センターの愛称はどれでしょうか。
①あおばの杜　②養種園の杜　③みどりの杜　④園芸の杜

Q.134 仙台市の自動車登録台数は何台でしょうか(2018年〈平成30年〉3月末現在の数)。
①約35万台　②約47万台　③約66万台　④約81万台

Q.135 定禅寺通にケヤキの木は何本あるでしょうか(2019年〈平成31年〉1月30日現在)。
①81本　②111本　③134本　④166本

正解と解説 ☞ ・・・・・・・・・・・・・・・・・・・・・・・ 行政

A.129【正解④】
　解説：ベラルーシ共和国の首都。姉妹都市を締結した1962年（昭和37年）当時は、旧ソ連邦の白ロシア共和国でしたが、1991年（平成3年）に独立し国名を改めました

A.130【正解④】（仙台市HPより）

A.131【正解①】
　解説：青葉区31万864人　宮城野区19万6,355人　若林区13万7,826人　太白区22万9,961人　泉区21万667人　総人口108万8,673人（仙台市HPより）

A.132【正解④】
　解説：リバサイド市、光州広域市、ダラス市、長春市、アカプルコ市、ミンスク市、レンヌ市、オウル市、台南市（仙台市HPより）

A.133【正解③】

A.134【正解③】
　解説：66万388台が登録されています。うち軽自動車が18万8,257台です（東北運輸局HPより）

A.135【正解④】
　解説：樹齢80年以上のケヤキもあります

教育

Q.136 仙台市は移動図書館に3台の車を運用しています。次の中で1台だけ実在しないものはどれですか。
①ひろせ号　②わかば号　③わかくさ号　④あおば号

Q.137 仙台市内の大学で、2018年（平成30年）5月1日現在の学生数（大学院生、短大生、通信教育生も含む）が最も多いのは、どの大学でしょうか。
①東北大学　②東北学院大学　③東北工業大学　④東北福祉大学

Q.138 仙台市立の学校で中高一貫校はどこですか。
①仙台市立仙台青陵中等教育学校　②仙台市立仙台高等学校
③仙台市立工業高等学校　④仙台市立商業高等学校

Q.139 仙台市天文台にある口径1.3mの望遠鏡の名前はなんと言いますか。
①スバル望遠鏡　②ひとみ望遠鏡　③アイ望遠鏡　④大空望遠鏡

Q.140 仙台市には市民センターが何館ありますか。
①38館　②45館　③50館　④58館

Q.141 カメイ美術館（旧カメイ記念展示館）の設立目的はどれでしょうか。
①社会教育の振興に寄与するため
②亀井氏の趣味で収集した蝶のコレクションを展示するため
③芸術教育の振興と発展に寄与するため
④カメイ資産で後世の発展に寄与するため

Q.142 仙台市内で最も新しく出来た小学校はどこでしょうか（2019年〈平成31年〉4月1日現在）。
①富沢小学校　②錦ヶ丘小学校　③泉松陵小学校　④桂小学校

Q.143 開学の精神がキリスト教に由来する大学はたくさんありますが、次の4校の中でキリスト教に由来しない大学はどこでしょうか。
①仙台白百合女子大学　②宮城学院女子大学
③東北学院大学　④東北福祉大学

Q.144 仙台市科学館には色々な展示がされています。次のうち展示していないものはどれですか。
①理工系の展示　②生活系の展示
③遺跡系の展示　④自然系の展示

正解と解説 ☞ ……………………… 教育

A.136【正解④】

A.137【正解①】
解説：東北大学 1万7,852人、東北学院大学 1万1,354人、東北福祉大学 9,499人、東北工業大学 3,161人

A.138【正解①】
解説：公立の中高一貫校は、仙台市立仙台青陵中等教育学校と宮城県立仙台二華中学校・高等学校の2校です。私立では秀光中等教育学校、東北学院中学校・高等学校、尚絅学院中学校・高等学校、宮城学院中学校高等学校、聖ドミニコ学園中学校高等学校があります

A.139【正解②】
解説：天文台は1956年(昭和31年)に西公園に建てられ、2007年(平成19年)に錦ヶ丘に移転しました。1.3mのカメラは光学式で高感度カメラ3CCDを搭載。愛称は公募で1.3mをひと・みに絡めて「ひとみ望遠鏡」に決定

A.140【正解④】
解説：青葉区17館、宮城野区10館、若林区6館、太白区12館、泉区13館で、おおむね中学校区に1館あります

A.141【正解①】
解説：カメイ株式会社が1994年(平成6年)に創業90周年を記念して設立しました。当初はカメイ記念展示館といいましたが、2011年(平成23年)にカメイ美術館に名称変更。主に絵画、蝶、こけし等を展示

A.142【正解②】
解説：富沢小学校2010年(平成22年)、錦ヶ丘小学校2015年(平成27年)、泉松陵小学校2013年(平成25年)、桂小学校1995年(平成7年)

A.143【正解④】
解説：仙台白百合女子大学1893年(明治26年)に創立。宮城学院女子大学と東北学院大学は1886年(明治19年)に創立。東北福祉大学は1962年(昭和37年)に創立の曹洞宗宗立です。また、東北学院大学と宮城学院大学は姉妹校です

A.144【正解③】
解説：理工系は科学の不思議を体験、生活系は暮らしの中で科学を体験、自然系は自然界の仕組みを体験します

教育

Q.145 仙台市天文台では夜空を観測するために移動式天文台を導入して、各所で観察会等を開催しています。移動式天文台を設置した自動車の名前は何と言いますか。
①ベガ号　②アンドロメダ号　③ペガサス号　④スピカ号

Q.146 仙台市内には東西南北が校名に付いた高等学校が3校あります。次の中で実在しない学校どれですか。
①仙台東高等学校　②仙台西高等学校
③仙台南高等学校　④仙台北高等学校

Q.147 東北大学には学都記念公園が整備されていますが、学都記念公園はどこのキャンパスにありますか。
①片平キャンパス　②川内キャンパス
③青葉山キャンパス　④星陵キャンパス

Q.148 東北学院大学の創設者は誰でしょうか。

Q.149 2016年(平成28年度)に医師不足を解消する為に医学部が新設された大学はどこですか。

Q.150 東北大学は1907年(明治40年)に帝国大学として片平地区に創立されました。旧帝国大学は現在全国に7校ありますが、東北帝国大学は何番目に創立されましたか。
①1番目　②3番目　③5番目　④7番目

Q.151 東北大学総合学術博物館(理学部自然史標本館)が、主に展示しているものは何ですか。
①化石・鉱物の標本　②植物の標本　③動物の標本　④昆虫の標本

Q.152 自然体験活動を支援する生涯学習施設として泉ヶ岳山裾に仙台市が建設した施設の名前は何といいますか。
①泉ヶ岳自然の家　②泉ヶ岳ふれあい館
③オーエンス泉ヶ岳自然ふれあい館　④オーエンス自然の家

正解と解説　教育

A.145【正解①】
解説：1993年（平成5年）に導入しました

A.146【正解④】
解説：東校は1987年（昭和62年）、西校は1983年（昭和58年）、南校は1977年（昭和52年）にそれぞれ開校しました

A.147【正解①】
解説：東北大学の学徒記念公園のある片平キャンパスは、仙台市の緑の名所100選に認定された緑の景観が豊かな場所です。また、桜の名所でもあり、魯迅の石像や旧東北帝国大学当時の歴史を感じさせる近代建築物が多く残されています

A.148【正解　押川方義】
解説：1886年（明治19年）仙台神学校を創設、1891年（明治24年）東北学院と改称しました

A.149【正解　東北医科薬科大学】
解説：1939年（昭和14年）に東北薬科専門学校として開校。2016年（平成28年）に医学部を新設し、東北医科薬科大学に改称しました。大学病院、若林病院の2つの附属病院があります

A.150【正解②】
解説：①東京大学1886年（明治19年）
　　　②京都大学1897年（明治30年）
　　　③東北大学1907年（明治40年）
　　　④九州大学1911年（明治44年）
　　　⑤北海道大学1918年（大正6年）
　　　⑥京城大学(韓国)1924年（大正13年）
　　　⑦台北大学(台湾)1928年（昭和3年）
　　　⑧大阪大学1931年（昭和6年）
　　　⑨名古屋大学1931年（昭和6年）
　　　国内7か所　海外2か所。戦後、海外の2大学は廃止されました

A.151【正解①】
解説：研究教育の材料として蓄えられた資料、化石、岩石、鉱物、骨格などの学術標本を常設展示しています

A.152【正解③】
解説：子どもの体験学習を目的とした施設。2014年（平成26年）7月に開館

交通・地理・地名

Q.153 仙台港から苫小牧港及び名古屋港に運行している太平洋フェリーの船名で、実在しない船名はどれでしょうか。
　　　①いしかり　　②きたかみ　　③きそ　　④とかち

Q.154 仙台駅から乗車している時間が一番長い地下鉄駅はどこですか。
　　　①泉中央駅　　②荒井駅　　③富沢駅　　④八木山動物公園駅

Q.155 地下鉄南北線と東西線の総延長は何kmですか。
　　　①22.5km　　②28.7km　　③36.1km　　④41.2km

Q.156 仙台市内の観光バス「るーぷる仙台」は何台で運行しているでしょうか(2018年〈平成30年〉4月1日現在)。
　　　①5台　　②8台　　③12台　　④15台

Q.157 2016年(平成28年)に改定された仙台駅新幹線ホームの発車メロディはなんという曲でしょうか。
　　　①荒城の月　　②仙台すずめ踊り　　③青葉城恋唄　　④神曲

Q.158 2014年(平成26年)12月6日に地下鉄南北線から導入したICカード乗車券の名前は何ですか。
　　　①Suica　　②icsca　　③NORUCA　　④odeca

Q.159 仙台市営地下鉄駅は南北線・東西線あわせて全部で何駅ですか(仙台駅は1駅として数えます)。
　　　①27駅　　②28駅　　③29駅　　④30駅

Q.160 2007年(平成19年)に仙台空港鉄道が開通しました。仙台駅から快速を利用した仙台空港までの所要時間は何分でしょうか。
　　　①15分　　②17分　　③20分　　④25分

Q.161 仙台市交通局が発行するICカードで利用できないものはどれでしょうか。
　　　①地下鉄　　②市バス　　③JR東日本全線　　④宮交バス

Q.162 仙台駅を起点にして新幹線で最も長い営業距離の路線(駅)はどこですか。
　　　①仙台駅～東京駅
　　　②仙台駅～新青森駅
　　　③仙台駅～秋田駅(盛岡経由)
　　　④仙台駅～新庄駅(福島経由)

正解と解説 ☞ ················交通・地理・地名

A.153【正解④】
解説：太平洋フェリーは3隻体制で運行されています。「いしかり」は2011年(平成23年)就航15,762t、「きそ」2005年(平成17年)就航15,795t、「きたかみ」2019年(平成31年)1月就航1万3,694t

A.154【正解①】
解説：泉中央は15分、荒井は14分、富沢、八木山動物公園12分(地下鉄パンフレットより)

A.155【正解②】
解説：南北線14.8km（地表部分3.9km 地下部分11.6km）17駅
東西線13.9km（地表部分0.6km 地下部分12.8km）13駅

A.156【正解②】
解説：市営バスは全車輌あわせて493台。そのうち、るーぷる仙台は8台です。繁忙期には一般市営バスが「るーぷる」の臨時便になります

A.157【正解③】
解説：2016年(平成28年)7月1日に統一して新幹線ホームは「青葉城恋唄」です(JR東日本HPより)

A.158【正解②】
解説：仙台市交通局はicscaをバス・地下鉄等に導入
Suica：JR東日本、NORUKA：福島交通、odeca：JR東日本(気仙沼線)

A.159【正解：③】

A.160【正解②】
解説：快速で約17分(停車駅は名取駅のみ)、普通で25分(停車駅は6駅)

A.161【正解③】
解説：JR東日本が発行するSuicaでの地下鉄等の乗車は可能です

A.162【正解②】
解説：仙台～東京は351.8km、仙台～新青森361.9km、仙台～秋田310.8km、仙台～新庄228.0km(JR東日本時刻表より)

交通・地理・地名

雑学1000題　初級

Q.163 仙台駅北側にあった通称Ｘ橋(えっくす橋：現在は取り壊されています)の名前の由来はどれでしょうか。
　　①東北本線がアルファベットのXの形に交差していた
　　②橋の基礎形状がアルファベットのXに似た形状であった
　　③戦後、仙台に駐留した軍隊がかってにX橋と呼んでいた
　　④橋を真上から見た時に形がアルファベットのXに似た形状をしていた

Q.164 仙台市内の観光スポットを巡回する観光バス「るーぷる仙台」の名前はどのようにして決まりましたか。
　　①バス路線がループ状なので　　②公募して
　　③坂道が多いので　　　　　　　④語呂あわせで

Q.165 地下鉄駅ではマイカー通勤者の為に「パークアンドライド」を実施しています。次のうちで「パークアンドライド」をしていない駅はどこでしょうか。
　　①南北線長町南駅　　　　　　②南北線八乙女駅
　　③東西線八木山動物公園駅　　④東西線荒井駅

Q.166 次の絵はある鉄道のマスコットキャラクターです。当てはまる鉄道はどれですか。
　　①地下鉄東西線　　②地下鉄南北線
　　③仙台空港鉄道　　④東北新幹線

Q.167 2016年(平成28年)に開通した仙台駅東西自由通路の愛称は何といいますか。
　　①青葉の陽だまり　　②杜の陽だまりガレリア
　　③東西交流ロード　　④癒しのロード

Q.168 仙台市営地下鉄には200円均一運賃区間があります。南北線、東西線の次の4つの駅のうち、仙台駅から200円で行けない駅はどこからですか(2019年〈平成31年〉3月1日現在)。
　　①北仙台駅　　②薬師堂駅　　③河原町駅　　④国際センター駅

Q.169 仙台港からフェリーが就航したのはいつでしょうか。
　　①1964年(昭和39年・南蒲生に下水処理場が完成)
　　②1973年(昭和48年・市民会館開館)
　　③1978年(昭和53年・宮城県沖地震が発生)
　　④1989年(平成元年・政令指定都市スタート)

正解と解説 ☞ ・・・・・・・・・・・・・・・・・交通・地理・地名

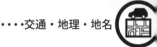

A.163【正解④】
解説：1921年(大正10年)に東北本線を渡る跨線橋として設置。橋の形状がアルファベットのXによく似た形状なので、通称としてX橋と呼ばれていました

A.164【正解②】
解説：公募で決まりました。大阪府の主婦のネーミング。るーぷる仙台は1999年(平成11年)から運行開始。2015年(平成27年)に500万人の乗車を達成しました(「るーぷる仙台」仙台市観光シティグループ運行協議会パンフレットより)

A.165【正解②】
解説：「パークアンドライド」とは、鉄道や地下鉄駅の周辺の駐車場やバス営業所に車を止める"パーク"と、公共交通に乗り換えて目的地に向かう"ライド"のこと。2019年現在、地下鉄泉中央駅、長町南駅、八木山動物公園駅、荒井駅に設置されています

A.166【正解③】
解説：仙台空港鉄道株式会社のマスコットキャラクター「サッとくん」、好きな食べ物は電気、嫌いな食べ物はガソリン、趣味は飛行機を見ること、苦手なことは雨と雷。誕生日は3月18日(仙台空港鉄道HPより)

A.167【正解②】
解説：ガレリアはイタリア語で廻廊、アーケード等の意味です(JR東日本HPより)

A.168【正解①】
解説：地下鉄南北線の200円均一運賃区間は北四番丁駅までと、河原町駅まで

A.169【正解②】
解説：1964年(昭和39年)仙台港計画決定、1973年(昭和48年)フェリー就航、1978年(昭和53年)みなと公園の開園、1989年(平成元年)コンテナ船の就航

交通・地理・地名

雑学1000題 初級

Q.170 国道45号線は仙台市を起点にしていますが、終点はどこでしょうか。
①宮城県気仙沼市　②岩手県宮古市
③青森県八戸市　　④青森県青森市

Q.171 東北一の歓楽街の国分町は何丁目までありますか。
①1丁目のみ　②1～2丁目まで　③1～3丁目まで　④1～4丁目まで

Q.172 仙台市内には東西南北の付く駅名がありますが、実在しない駅はどれでしょうか。
①東仙台駅　②西仙台駅　③南仙台駅　④北仙台駅

Q.173 平成の大合併で市町村の面積が変更になりました。広い順に正しいのはどれですか。
①栗原市、大崎市、仙台市　②仙台市、栗原市、大崎市
③大崎市、仙台市、栗原市　④登米市、栗原市、気仙沼市

Q.174 現在の仙台市域の面積として正しいのは、次のうちどれでしょうか（2019年〈平成31年〉2月末現在）。
①237.05km²　②495.98km²　③786.30km²　④988.51km²

Q.175 山形に通じる国道286号線の起点は仙台市内のどこでしょうか。
①勾当台公園前　　　　　②七十七銀行本店前
③太白区根岸町(宮澤橋)交差点　④仙台駅前

Q.176 仙台市の青葉区という区名は、他の政令指定都市にもあります。それはどこですか。
①札幌市　②千葉市　③横浜市　④神戸市

Q.177 若林区沖野三丁目付近にある三本の堀に架かる「三枚橋」は何と読みますか。
①さんまいばし　②みつまいばし　③みつばいばし　④さんめばし

Q.178 東京都内に仙台藩にゆかりの深い「仙台坂」は何か所あるでしょうか。
①1か所　②2か所　③3か所　④4か所

Q.179 宮城野区にある地名で「出花」を何と読みますか。

Q.180 仙台市内の「四条通り」はどこにありますか。
①泉区南光台　②青葉区支倉町　③太白区八木山　④宮城野区原町

正 解 と 解 説 ☞ ・・・・・・・・・・交通・地交通

A.170【正解④】
解説：終点は青森市 青い森公園前

A.171【正解③】

A.172【正解②】
解説：仙山線に西仙台ハイランド駅はありましたが、2014年(平成26年)に廃駅になりました

A.173【正解①】
解説：1位栗原市 804.97k㎡、2位大崎市 796.75k㎡、3位仙台市 786.30k㎡、
4位石巻市 554.58k㎡、5位登米市 536.12k㎡、6位気仙沼市 332.44k㎡
（宮城県のHPより）

A.174【正解③】
解説：①宮城町合併以前、②宮城町合併後、③泉市、秋保町合併した現在の面積(仙台市HPより)

A.175【正解①】
解説：山形まで65.5kmです

A.176【正解③】
解説：横浜市青葉区は人口約31万人、面積33.22k㎡

A.177【正解④】
解説：中堀、旧中堀、日辺堀の3本の堀に3か所に橋が架けられていたことから、三枚橋と呼ばれるようになりました

A.178【正解②】
解説：港区南麻布1丁目と品川区南品川5丁目(近くに仙台味噌醸造所があり現在も操業中です)(財団法人七十七ビジネス振興財団HPより)

A.179【正解　いでか】

A.180【正解①】
解説：南光台のメインストリートを四条通りといいます

交通・地理・地名

雑学1000題 初級

Q.181 虎屋横丁の名前の由来はどれですか。
　　　①虎屋の屋号を持つ薬屋に虎の置物が飾られていた
　　　②虎やと言う駄菓子屋にちなんで
　　　③虎模様の着物を売る呉服屋にちなんで
　　　④虎次郎と言う名前の町医者にちなんで

Q.182 東北大学の川内キャンパスに「三太郎の小径」があります。その由来はどれですか。
　　　①東北大学名誉教授阿部次郎の「三太郎の日記」に由来
　　　②東北大学に留学した魯迅がつけた名前
　　　③思想家の伊藤三太郎の名前に由来
　　　④学徒動員で戦死した3人の太郎が好んだ場所が由来

Q.183 若林区には町名として「五十人町」「三百人町」等があります。この名前の由来はどれですか。
　　　①住んでいた商人の人数に合わせて
　　　②住んでいた職人の人数に合わせて
　　　③住んでいた侍の人数に合わせて
　　　④住んでいた足軽の人数に合わせて

Q.184 青葉区にある国見峠の名前の由来はどれですか。
　　　①他藩を見張れる場所なので
　　　②城下全体を広くみわたせる所なので
　　　③広瀬川と七北田川の分水嶺なので
　　　④この地域は国見という豪族が支配していたので

Q.185 北仙台に堤町と言う地名がありますが、堤町の名前の由来はどれですか。
　　　①鼓を作る職人が住んでいた
　　　②この周辺にため池があった
　　　③堤ばやしの神楽がこの地域に伝わっていた
　　　④姓が堤と言う豪商の住居があった

Q.186 青葉区に花壇という地名があります。花壇の地名の由来はどれですか。
　　　①洪水等もあり農作物の栽培に適さず自然に花畑となった
　　　②仙台藩時代に花を栽培する足軽が住んでいた
　　　③政宗公が花畑を作っていた
　　　④元々墓のまわりに花畑があった

正 解 と 解 説 ☞　　　　　　　　　交通・地理・地名

A.181【正解①】
　解説：長崎から来た玄林と言う町医者が虎屋の屋号の薬屋を営んでいました。また、その薬屋の店先に木で作った虎の置物を飾り虎屋と称したことなどから、その界隈が虎屋横丁と呼ばれるようになりました

A.182【正解①】
　解説：阿部次郎名誉教授の生誕百年を記念して、散歩道を整備したもので、代表作「三太郎の日記」にちなみ、「三太郎の小径」と名付けました

A.183【正解④】
　解説：城下の東を守った足軽たちが住んでいた地域で、三百人町には足軽鉄砲隊が住んでいました。各町内には、それぞれに神社があり、そこを鍛錬場としていました（城下町仙台を歩く歴史町名ハンドブックより）

A.184【正解②】

A.185【正解②】
　解説：梅田川を堰止めた堤があった為に、その堤に由来します（HP仙台・宮城・東北を考えるおだずまジャーナルより）

A.186【正解③】

交通・地理・地名

雑学1000題　初級

Q.187 仙台市役所の本庁舎のある住所はどこですか。
　　①青葉区二日町　　　②青葉区国分町
　　③青葉区本町2丁目　　④青葉区本町3丁目

Q.188 JR東日本では仙台発の「リゾートみのり」を運行していますが、「リゾートみのり」は仙台市とどこを結ぶでしょうか。
　　①山形市　　②福島市　　③新庄市　　④一関市

Q.189 国道48号線(通称：作並街道)の途中に鎌倉山があります。鎌倉山は通称何と呼ばれていますか。
　　①ライオン山　　②モンキー山　　③ゴリラ山　　④熊山

Q.190 「るーぷる仙台」の車内で販売しているものは何ですか。
　　①バス型チョロQ　　②ゆべし　　③仙台駄菓子　　④クリアファイル

Q.191 若林区内を流れる六郷堀、七郷堀は広瀬川から取水しています。取水している堰はどこですか。
　　①愛宕堰　　②郡山堰　　③四ツ谷堰　　④北堰

Q.192 レンタル自転車仙台コミュニティサイクル「DATEBIKE(ダテバイク)」の説明として間違っているものはどれでしょうか。
　　①60分を超えると30分毎に追加料金にがかかる
　　②自転車には電動アシストが付いている
　　③借りたサイクルポートでしか返却できない
　　④傷害保険が付与されている

正解と解説 ☞　・・・・・・・・・・・・・・・交通・地理・地名

A.187【正解②】
　解説：国分町3丁目

A.188【正解③】
　解説：仙台から古川経由新庄市行き　約3時間の旅です

A.189【正解③】
　解説：横から見るとゴリラの顔に見えます

A.190【正解①】
　解説：車内の他、バスプール案内所や市内のホテルなどでも販売しています

A.191【正解①】

A.192【正解③】
　解説：仙台市内どこのサイクルポートでも返却できます。サイクルポートは仙台駅周辺、市役所前、中心市街地など市内60か所にあります

自然・環境

雑学1000題　初級

Q.193 泉ヶ岳の標高は何mでしょうか。
　　　①972m　②1,017m　③1,172m　④1,308m

Q.194 仙台市の平年の梅雨入り時期はいつでしょうか。
　　　①6月8日頃　②6月12日頃　③6月18日頃　④6月22日頃

Q.195 仙台市にある4つの山で最も高い山はどこですか。
　　　①神室岳　②太白山　③面白山　④大東岳

Q.196 仙台市の平年の梅雨明け時期はいつでしょうか。
　　　①7月15日頃　②7月20日頃　③7月25日頃　④7月30日頃

Q.197 仙台市で観測した最大積雪は何cmでしょうか（2019年〈平成31年〉3月1日現在）。
　　　①22cm　②34cm　③41cm　④53cm

Q.198 仙台市内の公園で「ゲンジボタル」が鑑賞できる公園はどこでしょうか。
　　　①台原森林公園　②大年寺山公園　③広瀬川宮沢緑地　④高森緑地

Q.199 仙台平野には梅雨の時期に冷たく湿った北東よりの風が吹き出します。この現象を何といいますか。
　　　①やませ　②うみせ　③季節風　④梅雨

Q.200 仙台市で、「日本の音風景100選」に選ばれた音風景の名称は何といいますか。
　　　①宮城野のスズムシ　②新川の渓流
　　　③蒲生干潟の野鳥　④仙台城の蝉

Q.201 仙台市といえば「ケヤキ並木」が有名ですが、いつごろ植樹されたでしょうか。
　　　①昭和10年頃　②昭和18年頃　③昭和25年頃　④昭和35年頃

Q.202 1989年（平成元年）に読売新聞が選定した「新日本名木100選」に選ばれた木が仙台市内にあります。それはどれしょうか。
　　　①苦竹の乳イチョウ　②輪王寺の五葉松
　　　③定禅寺通りのケヤキ並木　④東照宮杉木立ち

Q.203 秋保大滝は日本三大瀑布に数えられ国の名勝にも指定されていますが、秋保大滝のある場所はどこですか。
　　　①広瀬川の上流　②七北田川の上流
　　　③阿武隈川の上流　④名取川の上流

正解と解説 ☞　　　……………… 自然・環境

A.193【正解③】
解説：登山コースは4コースあります

A.194【正解②】
解説：1981年(昭和56年)～2010年(平成22年)までの過去30年間の統計(気象庁HPより)

A.195【正解④】
解説：神室岳1,356m、太白山320.6m、面白山1,264.4m、大東岳1,365m

A.196【正解③】(気象庁HPより)

A.197【正解③】
解説：仙台管区気象台は1926年(大正15年)から観測開始。1936年(昭和11年)2月9日に41cmの積雪を観測(仙台管区気象台HPより)

A.198【正解①】
解説：地域の団体が主催するホタル祭りもあります

A.199【正解①】
解説：オホーツク海高気圧の支配によって、湾岸からガス、北東気流から霧雨が流入して発生します

A.200【正解①】
解説：1996年(平成8年)に環境庁が「将来に残したい音の聞こえる風景」として選びました。他に仙台市内では広瀬川のカジカガエルと、野鳥が選ばれています

A.201【正解③】
解説：1946年(昭和21年)の戦災復興計画によるもので、戦災で焼け野原になった市街地の道路を広くして、青葉通は1951年(昭和26年)、定禅寺通りは1958年(昭和33年)頃から植樹しました

A.202【正解①】
解説：新日本名木100選には樹齢1,200年以上と言われている苦竹の乳イチョウが選ばれました。1926年(大正15年)に国の天然記念物に指定、乳イチョウの名の由来は根の一種の気根が乳房のように垂れ下がっていることから

A.203【正解④】
解説：1942年(昭和17年)に国の名勝に指定されました。那智の滝(和歌山県)、華厳の滝(栃木県)と並んで日本三大瀑布と言われています。岩盤を揺るがす轟音が数キロ先まで聞こえ、どの季節でも絶景と共に楽しむことができます

自然・環境

Q.204 秋保温泉エリアは自然環境に恵まれています。次の中で秋保温泉エリアに属さないものはどれでしょうか。
①磊々峡(らいらいきょう)　②盤司岩(ばんじいわ)
③二口渓谷(ふたくちけいこく)　④材木岩(ざいもくいわ)

Q.205 秋保温泉の泉質は何ですか。
①塩化物泉　②硫黄泉　③単純泉　④硫酸塩泉

Q.206 1926年(大正15年)〜2018年(平成30年)の間に仙台市で記録した最高気温は何度でしょうか。
①36.1度　②37.3度　③38.4度　④39.8度

Q.207 仙台市リサイクルシンボルマークの名前は何といいますか。
①メビウスちゃん　②ワケルくん　③セツ子さん　④リサちゃん

Q.208 仙台市発祥と言われている「脱スパイクタイヤ」運動で出来た法律はどれですか。
①ダイオキシン類対策特別措置法
②公害健康被害の補償等に関する法律
③粉塵等の発生の防止に関する法律
④環境影響評価法

Q.209 仙台市の年間降水量は、何mmでしょうか(1926年〈大正15年〉〜2017年(平成29年)の平均値)。
①約1,000mm　②約1,200mm　③約1,500mm　④約1,700mm

Q.210 仙台市には清掃工場が3か所設置されています。次のうち清掃工場ではないのはどこでしょうか。
①石積工場　②今泉工場　③葛岡工場　④松森工場

Q.211 仙台市ではごみの減量化を推進していますが、Recycle (リサイクル)とはどんな取り組みでしょうか。
①資源を無駄にしないこと　②資源は限りあるので上手に使うこと
③資源を再生して使うこと　④資源を焼却しないこと

Q.212 次のマークは何のリサイクルを表していますか。
①ペットボトル　②缶
③瓶　④紙類

正解と解説　　自然・環境

A.204【正解④】
解説：白石市にある材木岩は、岩盤の柱状節理が材木を縦に立てて並べたような形をしていることから呼ばれています

A.205【正解①】
解説：関節痛、捻挫、冷え性、慢性婦人病などに効能があります。作並温泉は硫黄温泉

A.206【正解②】
解説：2018年(平成30年)8月1日に観測(仙台管区気象台HPより)

A.207【正解①】

A.208【正解③】
解説：1990年(平成2年)6月27日公布、同日施行。1991年(平成3年)4月第7条禁止事項が施行されました(環境省HPより)

A.209【正解②】
解説：平均降水量は1,221㎜(仙台管区気象台HPより)

A.210【正解①】
解説：石積は富谷市に設置されている埋立処分場です

A.211【正解③】
解説：紙類、衣類、プラスチックは必ず分別して出す、生ごみは堆肥化を推進する

A.212【正解①】
解説：再生資源として利用することを目的として、分別回収するための表示で、資源有効利用促進法に基づいて政令指定により1993年(平成5年)から表示が義務付けられました(PETボトルリサイクル推進協議会HPより)

自然・環境

雑学1000題 初級

Q.213 仙台市が提唱している「3R(スリーアール)」の意味はどれですか。
① プラごみの出し方、生ごみの出し方、缶・瓶の出し方
② 廃棄物の運搬・焼却、埋め立て
③ きれいに使用、使い捨てはだめ、環境を守る
④ ごみを出さない、繰り返し使用、再利用

Q.214 次の図柄は何のマークを表していますか。
① エコマーク　　　② リサイクルマーク
③ 環境保全マーク　④ 地球環境マーク

Q.215 広瀬川の長さは何kmでしょうか。
① 約32km　② 約46km　③ 約59km　④ 約77km

正 解 と 解 説 ☞ ・・・・・・・・・・・・・・・・・・・・・ 自然・環境

A.213【正解④】
解説：「Reduce（リデュース）」ゴミを出さない・減らす、「Reuse（リユース）」繰り返して使用する、「Recycle（リサイクル）」資源として再利用するの頭文字をとって

A.214【正解①】
解説：(公財)日本環境協会の登録商標。意味は「私たちの手で地球を　環境を守ろう」地球(Earth)環境(Enviromemt)のEをデザイン(公益財団法人日本環境協会エコマーク事務局HPより)

A.215【正解②】
解説：名取川との合流地点まで46km。流域面積は360km²。流量16.37m²/s

震災・災害

Q.216 2015年（平成27年）3月14日〜18日に仙台国際センター等を会場に、仙台で開催された会議の名前は何でしょうか。
①国際防災会議　②国連防災世界会議
③地球防災会議　④東日本防災会議

Q.217 東日本大震災で仙台港に津波が到達した時間は地震発生から何分後でしょうか。
①約30分　②約45分　③約60分　③約90分

Q.218 東日本大震災では余震も多く発生しました。最も大きかった2011年（平成23年）4月7日に発生した余震の規模はいくつでしょうか。
①マグニチュード6.8　②マグニチュード7.2
③マグニチュード7.5　④マグニチュード7.8

Q.219 東日本大震災の津波の高さは仙台港では何mでしたか。
①5.5m　②6.7m　③7.2m　④8.0m

Q.220 東日本大震災での仙台空港の津波の高さは何mでしたか。
①2.51m　②3.02m　③4.11m　④5.42m

Q.221 仙台市では、地震体験車を導入しています。この地震体験車の名前は何といいますか。
①こわい　②ぐらら　③ゆれる　④うごく

Q.222 仙台市の「市民防災の日」はいつでしょうか。
①5月12日　②6月12日　③9月12日　④10月12日

Q.223 東日本大震災の地震の規模を示すマグニチュードはいくつだったでしょうか。
①M7.2　②M8.0　③M8.5　④M9.0

Q.224 東日本大震災は過去100年間に世界中で発生した地震の中で何番目の規模だったでしょうか。
①一番目　②二番目　③三番目　④四番目

Q.225 仙台市は東日本大震災の震災遺構として何を残しましたか。
①東六郷小学校　②中野小学校
③仙台市農業園芸センター　④荒浜小学校

正解と解説 ☞　　　　　　　　　　　震災・災害

A.216【正解②】
解説：第3回国連防災世界会議で、第1回は1994年(平成6年)に横浜、第2回は2005年(平成17年)に神戸で開催されました

A.217【正解③】
解説：石巻鮎川港で地震発生40分後に8.6mの津波観測。仙台港には記録や証言などから約60分後に到達しています(公式には到達時刻は不明)。津波は第1波、第2波と押し寄せてくるので、到達した津波は何波であるかは確認が難しい(仙台市発行「東日本大震災の記録」より)

A.218【正解②】
解説：宮城野区で震度6強観測。4月7日23時32分発生

A.219【正解③】
解説：地震から約1時間後に推定7.2mの津波を観測しました

A.220【正解②】
解説：15時56分津波到達。3.02mの高さまで水が押し寄せました(仙台空港HPより)

A.221【正解②】
解説：6軸起動の起震装置を備えていることにより、建物応答波によるねじれ動が採用されています。ぐららの利用申込みは各消防署へ(仙台市HPより)

A.222【正解②】
解説：1978年(昭和53年)6月12日に発生した宮城県沖地震を教訓に、6月12日を市民防災の日と定めました

A.223【正解④】

A.224【正解④】
解説：1位 チリ地震1960年(昭和35年)M9.5
　　　2位 アラスカ地震1964年(昭和39年)M9.2、最大67mの津波観測
　　　3位 スマトラ島沖地震2004年(平成16年)M9.1～9.3 16万人が犠牲
　　　4位 東日本大震災2011年(平成23年)M9.0 宮古市で40.5mの津波を観測

A.225【正解④】
解説：荒浜小学校校舎を震災遺構として残しました(荒浜小学校は七郷小学校に統合)。東六郷小学校は六郷小学校に統合、中野小学校は廃校となりそれぞれ校舎は解体されました

震災・災害

雑学1000題　初級

Q.226 災害に備えて家庭で備えて置いた方がいいものに飲料水があります。1人当たりどの程度確保することを仙台市では推奨していますか。
　　①1日で約2リットル　　②1日で約3リットル
　　③1日で約4リットル　　④1日で約5リットル

Q.227 東日本大震災の犠牲者を追悼する為に、荒浜の海岸近くに建立された碑の名前は何といいますか。
　　①東日本大震災慰霊碑　　②津波被害慰霊の碑
　　③荒浜祈りの碑　　④災害慰霊の碑

Q.228 東日本大震災ではライフライン（電気、上水道、下水道、ガス）に大きな被害を受けました。次の4つのうち最も早く完全復旧したライフラインはどれでしょう。
　　①ガス（都市ガス）　　②上水道　　③電気　　④下水道

Q.229 東日本大震災は、最大震度が栗原市で震度7でしたが、仙台市内でもっとも大きな震度を観測したのはどの区でしたか。
　　①宮城野区　　②若林区　　③太白区　　④青葉区　　⑤泉区

Q.230 河北新報社の報道が渡部篤郎主演でドラマになりました。ドラマの題名は何といいますか。
　　①河北新報の3・11報道特集　　②東日本大震災・河北の報道
　　③河北新報のいちばん長い日　　④河北新報の報道記者物語

Q.231 1978年（昭和53年）6月にM7.4の宮城県沖地震が発生しました。この地震での津波被害はどうだったでしょうか。
　　①津波は発生しなかった　　②津波は発生したが、被害はなかった
　　③港湾施設に浸水した程度　　④養殖施設に被害があった

Q.232 災害の発生が予想される場合、市から避難情報が発令されます。次のうち最も緊急度の高い避難情報はどれですか。
　　①避難準備情報　　②高齢者等避難開始情報
　　③避難指示（緊急）　　④避難勧告

Q.233 仙台市は防災対策の為に情報を発信しています。次の中で1つだけ発信されていない情報はどれですか。
　　①ラジオ、テレビによる情報発信　　②ツイッターによる情報発信
　　③ウェブサイトによる情報発信　　④杜の都防災メールによる情報発信

正解と解説　震災・災害

A.226【正解②】

A.227【正解①】
解説：津波の高さとほぼ同じ約9m「荒浜慈聖観音」が慰霊碑とともに健立。慰霊碑には190名の犠牲者の名前が刻まれています

A.228【正解②】
解説：津波被災地域を除き、ガスは4月16日に全戸に供給開始、上水道は3月29日に全域復旧、電気は5月7日までに供給支障を解消しました。下水道は市内の7割を処理する南蒲生浄化センターが津波により水没し、簡易処理のみで対応。水処理までの復旧は2016年（平成28年）（仙台市発行「復興5年記録誌」より）

A.229【正解①】
解説：宮城野区震度6強。青葉、若林、泉区で震度6弱。太白区震度5強

A.230【正解③】
解説：2012年（平成24年）3月1日、テレビ東京系列で放送。仙台では東北放送が放映（3月7日）。原作は文藝春秋社から2011年（平成23年）に発行されました

A.231【正解②】
解説：仙台新港で30cmの津波を観測しましたが、津波被害の報告はありませんでした。宮城沖地震は、建物やブロック塀などの破損・倒壊による被害が目立ちました（気象庁技術報告書95号より）

A.232【正解③】
解説：人的被害の危険が迫ってきている又は、被害の出始めに出す情報です。「直ちに避難してください」

A.233【正解①】
解説：ラジオ・テレビは各放送局が行います。それ以外の3つは市独自で発信します（仙台市HPより）

震災・災害

Q.234 東日本大震災の教訓を後世に伝承するために、地下鉄東西線荒井駅構内に開館した施設を何というでしょうか。
　　　①東日本大震災交流館　　　　②メモリアル交流館
　　　③せんだい3.11メモリアル交流館　④東日本大震災伝承館

Q.235 仙台市内で復興を祈願して始まったマラソン大会はどれですか。
　　　①仙台リレーマラソン　　②若林シーサイドマラソン
　　　③仙台国際ハーフマラソン　④仙台市民マラソン

正解と解説　震災・災害

A.234【正解③】
　解説：被災の状況を展示している他、イベント館等があります

A.235【正解②】
　解説：正式名称「復興祈願 心をつなぐ若林シーサイドマラソン」平成28年(2016年)から始りました。5km、10kmの2種類。コースは藤塚〜井土地区の堤防2.5km

スポーツ

雑学1000題 初級

Q.236 仙台市出身の荒川静香と羽生結弦はオリンピックのフィギュアスケートで金メダルを獲得し、仙台市を国内外に広く知らしめました。ところで、日本のフィギュアスケートの発祥地はどこでしょうか。
①札幌市　②仙台市　③横浜市　④名古屋市

Q.237 仙台市出身の横綱は誰でしょうか。
①丸山権太左衛門　②大砲万右衛門
③谷風梶之助　④秀ノ山雷五郎

Q.238 東北楽天ゴールデンイーグルスのチームカラーは何色でしょうか。
①レッド　②紫　③クリムゾンレッド　④赤紫

Q.239 東北楽天ゴールデンイーグルスの練習場及び合宿所は何区にありますか。
①青葉区　②宮城野区　③若林区　④太白区　⑤泉区

Q.240 ベガルタ仙台はプロサッカーになって19年（平成30年現在）になります。J1リーグでの最高順位は何位でしょうか。
①優勝　②2位　③3位　④5位

Q.241 東北楽天ゴールデンイーグルスの公式戦の年間試合数は何試合ですか（再試合・クライマックスシリーズ、日本シリーズ、オープン戦は含みません）。
①127試合　②139試合　③143試合　④154試合

Q.242 ベガルタ仙台のマスコットキャラクターの名前は何といいますか。
①ベガッ太　②クラッチ　③ティナ　④カラスコ

Q.243 全日本大学野球選手権大会で、東北福祉大学は2019年現在、何回優勝しているでしょうか。
①1回　②3回　③5回　④7回

Q.244 東北楽天ゴールデンイーグルスの本拠地で7回の楽天の攻撃が始まる前に赤い風船が球場内に舞いますが、勝った時は何色の風船が球場に舞うでしょうか。
①白色　②紫色　③オレンジ色　④黄色

Q.245 東北楽天ゴールデンイーグルスに2010年（平成22年）にドラフト1位で入団した田中将大投手の出身校はどこですか。
①仙台育英学園高校　②大阪桐蔭高校
③横浜高校　④駒大付属苫小牧高校

正 解 と 解 説 ☞　……………………　スポーツ

A.236【正解②】
解説：1897年(明治30年)にアメリカ人のデビソンが仙台城の堀(五色沼)で子ども達にフィギュアスケートを教えたのが発祥となっています

A.237【正解③】
解説：若林区の生まれ。現役時代は体重160kg　身長188cm

A.238【正解③】

A.239【正解⑤】
解説：泉区大沢一丁目に練習場(ウェルファムフーズ森林どりスタジアム泉)と泉犬鷲寮があります

A.240【正解②】
解説：2012年(平成24年)の2位が最高順位。J2時代は2009年(平成21年)に優勝。どちらのときも監督は手倉森誠でした。2019年現在、手倉森誠監督はV.ファーレン長崎の監督

A.241【正解③】
解説：リーグ内対戦総当たり25回125試合、セ・パ交流戦が18試合、合計143試合

A.242【正解①】
解説：彦星(アルタイル)のあるわし座のギリシャ神話で「勝利をもたらす」といわれる鷲(わし)をイメージしています。性格は「ふてぶてしい」「気にいらない事があるとふてくされる」(ベガルタ仙台HPより)

A.243【正解②】
解説：優勝3回、準優勝5回。1952年(昭和27年)が第1回大会(全日本大学野球連盟HPより)

A.244【正解①】
解説：風船は球場内で販売されています

A.245【正解④】
解説：出身は兵庫県

スポーツ

雑学1000題 初級

Q.246 ベガルタ仙台になる前のチーム名は何といいましたか。
　　　①フレッシュ仙台　　②ブランメル仙台
　　　③ブーメラン仙台　　④プロット仙台

Q.247 仙台市を本拠地としているプロスポーツは、2019年（平成31年）10月現在何チームあるでしょうか。
　　　①2チーム　　②3チーム　　③4チーム　　④5チーム

Q.248 女子プロレスの「センダイガールズプロレスリング」の代表は誰ですか（2019年〈平成31年〉3月1日現在）。
　　　①里村明衣子　　②仙台幸子　　③愛海　　④DASHチサコ

Q.249 仙台89ERSのチームカラーは何色ですか。
　　　①イエロー　　　　　　②オレンジ系イエロー
　　　③ナイナーズイエロー　④イエロー系オレンジ

Q.250 ベガルタ仙台の母体はどこですか。
　　　①七十七銀行のサッカー部　　　　　②JR東日本鉄道のサッカー部
　　　③市民主体のクラブサッカーチーム　④東北電力のサッカー部

Q.251 仙台出身の横綱二代目谷風が活躍した時代は年2場所制でした。1場所は何日間でしたか。
　　　①8日間　　②11日間　　③13日間　　④15日間

Q.252 東北楽天コーデンイーグルスの設立は何年でしょうか。
　　　①1990年（平成2年・市政100周年）
　　　②1998年（平成10年・江沢民中国国家主席来仙）
　　　③2004年（平成16年・第1回グリーン購入世界会議開催）
　　　④2010年（平成22年・東北新幹線新青森駅まで開業）

Q.253 元東北楽天ゴールデンイーグルスの田中将大投手が、2013年（平成25年）にメジャーリーグに移籍しました。移籍先はどこでしょうか。
　　　①サンフランシスコジャイアンツ　　②ニューヨークヤンキース
　　　③シアトルマリナーズ　　　　　　　④カンザスシティロイヤルズ

Q.254 仙台市内の公共施設でボルダリングができる施設はどこですか（2018年〈平成30年〉6月1日現在）。
　　　①青葉体育館　　　　　　　　　　　②仙台市体育館
　　　③シェルコム仙台（泉総合運動場内）④元気フィールド仙台

正 解 と 解 説　　　　　　　　　　スポーツ

A.246【正解②】

A.247【正解③】
　解説：ベガルタ仙台、東北楽天ゴールデンイーグルス、仙台89ERS、マイナビベガルタ仙台レディース（仙台市HPより）

A.248【正解①】
　解説：2005年（平成17年）に結成。里村明衣子が代表に就任しました

A.249【正解③】

A.250【正解④】
　解説：1988年（昭和63年）に東北電力サッカー部として創設。JFL、J2時代を経て、2001年（平成13年）にJ1に昇格。2004年（平成16年）J2に降格しましたが2010年（平成22年）にJ1復帰

A.251【正解①】
　解説：当時は1場所は晴天8日間でした。江戸の他、京・大阪でも行われていましたが、二代目谷風は江戸本場所で活躍した力士です。江戸本場所で63戦勝を記録し、昭和に入って双葉山が更新するまでの最多連勝記録

A.252【正解③】
　解説：近鉄と阪急の合併で2004年（平成16年）10月22日東北楽天ゴールデンイーグルスが誕生、初代監督田尾安志

A.253【正解②】
　解説：兵庫県伊丹市出身、愛称はマー君。少年野球時代は捕手でした。ニューヨークヤンキースと1億5,500万ドル（史上5位の契約額）で7年契約

A.254【正解④】
　解説：2007年（平成19年）に完成、照明設備を備えた野球場の他、アーチェリー場、スケートボードパークなどの施設が利用できます（仙台市HPより）

スポーツ

雑学1000題 初級

Q.255 仙台市出身の横綱二代目谷風の勝率はどれでしょうか。
①73%　②83%　③90%　④95%

Q.256 元東北楽天ゴールデンイーグルスの田中将大投手の記録がギネスに認定されました。その記録はどれですか。
①単独シーズン最多奪三振数　②単独シーズン連続勝利数等
③単独シーズン最多投球回数　④単独シーズン最低防御率

Q.257 仙台89ERSのマスコットキャラクター「ティナ」は男の子でイベント等で活躍していします。ティナの性格と夢はどれでしょうか。
①元気な男の子でやんちゃ過ぎる。体重が89kg。将来はNBAで活躍するのが夢
②気の短い男の子で試合に勝つと元気。仙台をバスケットボール王国にするのが夢
③明朗でちょっとがんばりすぎる男の子。女子にもてることが夢
④明るく活発だが、気弱な一面も。プロバスケットボール選手になるのが夢

Q.258 スプリングバレー泉高原スキー場が開場したのはいつでしょうか。
①1980年（昭和55年・市立病院五橋へ移転）
②1987年（昭和62年・地下鉄南北線開業）
③1991年（平成3年・定期国際ソウル便が就航）
④2000年（平成12年・仙石線地下駅開業）

Q.259 仙台89ERSのマスコットキャラクターの「ティナ」は何の動物でしょうか。
①オオカミの男の子　②チーターの男の子
③ヒョウの男の子　④ライオンの男の子

Q.260 「杜の都駅伝」と言えばどの競技をさしますか。
①仙台市中学校駅伝競走大会
②全日本大学女子駅伝対抗選手権大会
③全日本実業団対抗女子駅伝競走大会

Q.261 ベガルタ仙台のマスコットキャラクターベガッ太が考える優勝する条件はどれでしょうか。
①いい選手を集める　②若い選手を育成する
③スタジアムを常に満席にする　④攻撃力をつける

正 解 と 解 説　　　　　　　　　　　スポーツ

A.255【正解④】
解説：49場所中258勝14敗 16分16預5無112休の生涯戦績でした（預：きわどい勝負で物言いがついて、判断が難しい場合や決着がつかない場合。無：きわどい勝負で行司がどちらにも軍配を上げなかった場合。休：自身の休場のほか相手が休場のときも休場となりました）

A.256【正解②】
解説：2013年（平成25年）11月認定
　　　1) 公式戦連続勝利数28（2014年〈平成26年〉5月20日シカゴ・カブス戦で敗れ、記録は34まで）
　　　2) 単独シーズン連続勝利数24
　　　3) 連続勝利数30
の3つの記録がギネスに認定されました（東北楽天ゴールデンイーグルスHPより）

A.257【正解④】
解説：8月9日生まれ、身長189cm 体重89kg、背番号89

A.258【正解③】
解説：10コースあり、ナイター設備も完備

A.259【正解④】

A.260【正解②】
解説：6区間38.0km　仙台市陸上競技場（弘進ゴムアスリートパーク仙台）から市役所前市民広場まで。10月下旬の日曜日開催。仙台市中学校駅伝競走大会（中総体）　男子 6区間18.3km　女子 5区間12.5km。全日本実業団対抗女子駅伝競技大会（クイーンズ駅伝in宮城）6区間42.195km（日本陸上競技連盟HPより）

A.261【正解③】
解説：優勝の条件はスタジアムを常に満席にする事。ベガッ太は1995年生まれ永遠12歳。身長200cm、体重90kg、血液型は勝利のV型（冊子「いたずらっ子ベガッ太参上」より）

スポーツ

Q.262 仙台市は「マイタウンスポーツデー」を設定しています。「マイタウンスポーツデー」は何をする日でしょうか。
①市のスポーツ施設が無料で使用できる日
②市のスポーツの祭典
③市のスポーツ競技総合大会
④市主催のスポーツイベントを市民と共に楽しむ

Q.263 甲子園出場は高校球児のあこがれです。2018年(平成30年)10月末現在、春の選抜高校野球大会と、夏の全国高等学校野球選手権大会を合わせた大会への出場回数の多い高等学校はどこでしょうか。
①仙台育英学園高等学校　　②東北高等学校
③仙台商業高等学校　　　　④仙台第一高等学校

正 解 と 解 説 ☞ ・・・・・・・・・・・・・・・・・・・・ スポーツ

A.262【正解①】
解説：毎年10月の体育の日の祝日を「マイタウンスポーツデー」と位置付けして、スポーツに親しむきっかけづくりを推奨し、市のスポーツ施設を無料開放しています

A.263【正解②】
解説：東北高校：41回、仙台育英学園：39回、仙台商業高校：4回、仙台一高：3回（HPバーチャル高校野球より）

グルメ

雑学1000題 初級

Q.264 仙台の菓子の老舗に「白松がモナカ本舗」があります。モナカの皮の原料は何ですか。
　　　①餅米　　②白米　　③小麦粉　　④小麦粉と餅米の混合

Q.265 「笹かまの日」は何月何日でしょうか。
　　　①3月15日　　②7月7日　　③10月1日　　④11月15日

Q.266 仙台雑煮の出汁として使うものは何ですか。
　　　①タイ　　②ハゼ　　③豚肉　　④牛肉

Q.267 仙台駅の3Fには宮城の食べ物通りがありますが、通りの名前は何と言いますか。
　　　①名品店通り　　②牛タン通り・すし通り
　　　③名店街通り　　④グルメ通り

Q.268 「レゲエパンチ」とは何でしょうか。
　　　①仙台発祥のカクテル　　②仙台発祥のスイーツ
　　　③仙台発祥の野菜サラダ　　④仙台発祥のランチ

Q.269 秋保温泉地域にある「主婦の店さいち」の「おはぎ」は秋保の名物になっています。おはぎは3種類ありますが、ないのはどれですか。
　　　①あんこ　　②黒ゴマ　　③きなこ　　④くるみ

Q.270 仙台づけ丼には条件が5つあります。条件として正しいものはどれですか。
　　　①宮城県産のすし飯を使う　　②地場産の白身魚を使う
　　　③宮城県産のもち米を使う　　④地場産の貝類を使う

Q.271 DATESEVEN(伊達セブン)という名前のお酒の種類は何ですか。
　　　①焼酎　　②日本酒　　③地ビール　　④ウィスキー

Q.272 仙台あおばシリーズとして仙台発のグルメ商品が開発され販売されています。「仙台あおば餃子」もその1つです。仙台あおば餃子の皮に練りこまれる仙台特産の野菜は何ですか。
　　　①仙台白菜　　②仙台曲がりねぎ　　③仙台雪菜　　④仙台小松菜

Q.273 宮城のブランド米として生産販売されているお米は4種類あります。次の中で宮城のブランド米でないのはどれですか。
　　　①ササニシキ　　②ひとめぼれ　　③コシヒカリ
　　　④まなむすめ　　⑤だて正夢

正解と解説 ☞ ・・・・・・・・・・・・・・・・・・・・・・ グルメ

A.264【正解①】
解説：モナカの皮は餅米を蒸して搗き、うすく延ばして焼き上げています（白松がモナカ本舗HPより）

A.265【正解②】
解説：宮城県内60軒のかまぼこ製造業者が加盟する宮城県蒲鉾組合連合会と㈱紀文が共同で7月7日を日本記念日協会認定の笹かまの日と制定しました。ちなみに蒲鉾の日は11月15日

A.266【正解②】
解説：仙台独特の材料として、仙台雑煮はハゼを入れて風味を出します

A.267【正解②】
解説：牛タン店が4軒、すし店が6軒並んであります

A.268【正解①】
解説：ピーチリキュールを烏龍茶で割って、レモンスライスを添えたカクテル（国分町ではポピュラーな飲み物）。国分町のバーテンダー（黒澤亮一）が1991年（平成3年）に考案しました

A.269【正解④】
解説：添加物や保存料は一切使用していません。そのため消費期限が当日中となっています

A.270【正解①】
解説：仙台づけ丼の条件
　　　①地場産の魚を使う
　　　②宮城県産のすし飯を使う
　　　③料金を明示する
　　　④各店の独自性を出す
　　　⑤づけ丼が真の宮城名物となるように日々精進する

A.271【正解②】
解説：仙台市の勝山酒造の他県内7店の酒造店が順番で作っている日本酒です

A.272【正解③】
解説：仙台雪菜を練りこんだ緑色の餃子皮です。具にも仙台雪菜を使用しています

A.273【正解③】
解説：コシヒカリは新潟県のブランド米です

グルメ

Q.274 「さいちのおはぎ」は口コミやマスコミ等に取り上げられ「主婦の店さいち」のヒット商品です。1日の販売数はいくつでしょうか。
①約2,500個　②約5,000個　③約7,500個　④約1万個

Q.275 1970年代前半に仙台市内の料理店で発祥した新名物は何ですか。
①仙台マーボー中華飯　②仙台マーボーラーメン
③仙台マーボー餃子　④仙台マーボー焼そば

Q.276 仙台市内で初のワイナリーはどこですか。
①作並地域　②秋保地域　③泉ヶ岳地域　④岩切地域

Q.277 秋には広瀬川河川敷を始め、芋煮会が多く行われます。一般的な仙台風芋煮に使われているものはどれでしょうか。
①醤油　②牛肉　③油揚げ　④豚肉

Q.278 枝豆を使った「ずんだ餅」が有名ですが、「ずんだ」の意味は何ですか。
①豆の品種がずんだ豆だから
②枝豆を細かく砕いた状態
③枝豆をすりつぶした状態
④大豆に緑の着色料で着色した状態

Q.279 定義如来にある定義とうふ店の「三角あぶらあげ」にある絶妙な食感の理由は何でしょうか。
①大豆を国産に限定して使用している
②揚げ油を厳選している
③2度揚げしている
④揚げたてを正味するから

Q.280 仙台名物として売り出している「仙台あおばスイーツ」にはどんな決まりがありますか。
①仙台産と認識された農産物を使用する
②仙台産のあおばをイメージした野菜を使用する
③みどりの濃い野菜を使用する
④仙台産の伝統野菜を使用する

正解と解説 グルメ

A.274【正解②】
解説：平均で5,000個、休日には1万個の売り上げです。2万5,000個の売り上げを記録したこともあります

A.275【正解④】
解説：最初に提供したのは、仙台駅前のジャンジャン横丁にあった「まんみ」。2019年現在は泉中央とザ・モール仙台長町で営業しています

A.276【正解②】
解説：2015年（平成27年）オープン。仙台秋保醸造所「秋保ワイナリー」として秋保の気候と風土を生かしたぶどうの栽培とワインを醸造して販売しています

A.277【正解④】
解説：味噌味の豚肉と里いもが基本。豆腐と野菜、大根、人参、白菜、ごぼう、きのこ、ねぎなどを入れて作ります

A.278【正解②】

A.279【正解③】
解説：大豆、水、天然にがりだけで作ったあぶら揚げ用の豆腐を、重しをして余分な水分を抜いてから2度揚げすることで絶妙な食感が生まれます

A.280【正解①】
解説：「野菜を始めとした仙台産の農産物を使うこと」「使用する農産物が認識される商品であること」が条件です。仙台産の農産物が使われているか、その農産物がスイーツとしてふさわしいかを審査して初めてあおばスイーツとして認定されます（仙台市HPより）

グルメ

雑学1000題 初級

Q.281 仙台駄菓子の発祥にはどんな由来がありますか。
①子ども達のお菓子として出来た
②参勤交代等の携帯食をもとに出来た
③余りものの食材を使用して出来た
④正月のお供えものとして出来た

Q.282 阿部蒲鉾店が販売している、仙台市民のファストフード的存在になりつつある商品は何でしょうか。
①串揚げ　②ひょうたん揚げ　③丸蒲鉾揚げ　④蒲鉾揚げ

Q.283 一ノ蔵酒造が開発した女性に人気のある発泡清酒はどれでしょうか。
①風音　②すず音　③ささ音　④せみ音

正解と解説 ☞ ············· グルメ

A.281【正解②】
解説：藩から町民に払い下げられた参勤交代の際の携帯食や、兵糧などに胡麻やきな粉などで味付けをして菓子としました

A.282【正解②】
解説：阿部蒲鉾店は1935年(昭和10年)創業。1955年(昭和30年)に開発した商品

A.283【正解②】
解説：低アルコール酒、瓶内発酵によって生じる炭酸ガスでシャンパンのような口当たりを感じるスパークリング清酒です

地元学

雑学1000題 初級

Q.284 青葉区荒巻の三居沢に発電所がありますが、発電するための動力は何ですか。
①火力　②水力　③太陽光　④風力

Q.285 仙台弁で「おばんです」という言葉の意味は何ですか。
①こんにちは　②お変わりありませんか　③今晩は　④さよなら

Q.286 仙台弁の「けっぱる」の意味は何ですか。
①馬鹿にされた。けなされた　②がんばる。気合を入れる
③気分が落ち込む。弱気　④力みすぎ。疲れすぎ

Q.287 仙台弁で「いがす」の意味は何ですか。
①行きません　②承知しました　③ご遠慮します　④食べません

Q.288 泉区実沢に仙台市内を見下ろすように立っている仙台大観音の高さは何mでしょうか。
①約50m　②約80m　③約100m　④約150m

Q.289 仙台市内中心部の商店街で発行する「まちくるチケット」は何のチケットですか。
①買い物割引券　②駐車場のサービス券
③くじ引き券　④プレゼント券

Q.290 仙台市の100歳以上の人口は何人でしょうか（2019年〈平成31年〉1月1日現在）。
①154人　②289人　③392人　④491人

Q.291 仙台弁の「まなぐ」という言葉は顔のどこを指しますか。
①目　②耳　③鼻　④口

Q.292 仙台市をパノラマで見ることができるビルはどこですか。
①AER　②エナジースクエアビル
③仙台メディアテーク　④SS30（エスエスサーティー）

Q.293 昭和30年代まで貞山運河には橋が少なく地域の足として運河を渡る船がありました。渡し船の名前は何と言いましたか。
①方舟　②馬船　③繋ぎ船　④連絡船

Q.294 仙台市生まれのファミリーレストランはどれですか。
①ミルキーウエイ　②デニーズ
③ビッグボーイ　④和風レストランまるまつ

正解と解説 ☞ ……………………… 地元学

A.284【正解②】
解説：日本初の水力発電所。2019年現在も最大出力1,000kWで発電しています。発電所建屋が国登録有形文化財に指定

A.285【正解③】
解説：ミヤギテレビで、仙台弁をもじった「OH!バンデス」を放送

A.286【正解②】

A.287【正解②】
解説：承知した、了解した場合に使います

A288【正解③】
解説：民間事業者が仙台市市制100年を記念して建立しました

A.289【正解②】
解説：まちくる加盟店で買い物をすると共通駐車サービス券がもらえます

A.290【正解③】
解説：2019年(平成31年)1月1日現在392人(男性50人、女性342人) 年々増加傾向にあります(仙台市HPより)

A.291【正解①】

A.292【正解①】
解説：最上階の31階に入場無料の展望スペースがあります。SS30の展望スペースは30階にあります

A.293【正解②】
解説：「うまぶね」と呼ばれていて、昭和30年代後半まで運行されていました

A.294【正解①】
解説：ビッグボーイに転換吸収されましたが、2016年(平成28年)から復活しました。経営母体はビッグボーイのまま

地元学

Q.295 仙台弁の「もぞこい」とはどういう意味ですか。
　　　①かゆい　　②かわいい　　③かわいそう　　④かたい

Q.296 東北一の歓楽街国分町には週末にはどのくらいの人数が繰り出しますか。
　　　①3万人～4万人　　②6万人～7万人
　　　③8万人～9万人　　④10万人以上

Q.297 仙台市出身の横綱二代目谷風に纏わるエピソードで違うのはどれですか。
　　　①仙台市内に谷風通りがある
　　　②旧日本海軍の駆逐艦に谷風という名前が付いていた
　　　③勾当台公園に谷風の銅像がある
　　　④谷風は武士の息子であった

Q.298 河北新報の創刊はいつでしょうか。
　　　①1897年（明治30年・京都帝国大学創立）
　　　②1905年（明治38年・ポーツマス条約調印）
　　　③1914年（大正3年・第1次世界大戦）
　　　④1925年（大正14年・治安維持法成立）

Q.299 七十七銀行の創立はいつでしょうか。
　　　①1878年（明治11年・ベルリン会議開幕）
　　　②1889年（明治23年・大日本帝国憲法公布）
　　　③1905年（明治38年・ポーツマス条約調印）
　　　④1914年（大正3年・第1次世界大戦勃発）

Q.300 仙台弁の「あっぺとっぺ」の意味はどれでしょうか。
　　　①間違いだらけ　　②小言　　③悪口を言う　　④とんちんかん

Q.301 東北電力が設立したのはいつでしょうか。
　　　①1921年（大正10年・原敬首相暗殺）
　　　②1932年（昭和7年・犬養首相暗殺）
　　　③1939年（昭和14年・NHKテレビ実験放送開始）
　　　④1951年（昭和26年・NHK紅白歌合戦が始まる）

正 解 と 解 説 ☞ ……………………… 地元学

A.295【正解③】

A.296【正解②】
 解説：季節、カウントする時間にもよりますが、おおむね6万人～7万人です（〈社〉国分町街づくりプロジェクトHPより）

A.297【正解②と④】
 解説：大日本帝国海軍の駆逐艦は、天候や気象・季節に関する言葉から命名されていました。また、武士ではなく富豪の息子です

A.298【正解①】
 解説：1897年（明治30年）1月17日に一力健治郎によって創刊

A.299【正解①】
 解説：1872年（明治5年）に制定された国立銀行条例によって設立された国立銀行の1つでした

A.300【正解④】

A.301【正解④】
 解説：1939年（昭和14年）日本発送電株式会社設立。1942年（昭和17年）配電統制令により東北配電株式会社が設立。電力事業の再編により1951年（昭和26年）に東北電力株式会社が設立しました

地元学

Q.302 クリスロード商店街のアーケードは三代目です。現在のアーケードが架かったのはいつですか。
①1980年（昭和55年・市立病院五橋移転）
②1987年（昭和62年・地下鉄南北線開通）
③1992年（平成4年・シルバセンター開館）
④1999年（平成11年・仙台市文学館開館）

Q.303 2017年に仙台駅の開業130周年を記念してオープンしたコミュニティ＆フードスペースの名前は何でしょうか。
①センコミ　②エキコミ　③エキツジ　④センツジ

Q.304 大人の情報誌「りらく」の創刊はいつでしょうか。
①1986年（昭和61年・第1回SENDAI光のページェント開催）
②1991年（平成3年・東北新幹線東京駅乗り入れ）
③1998年（平成10年・江沢民中国国家主席が来仙）
④2007年（平成19年・仙台空港アクセス鉄道開業）

Q.305 仙台市内に陸軍歩兵第四連隊の兵舎で、現在も残っている建物があります。現在は別の目的に使用されていますが、その建物はどれでしょうか。
①戦災復興記念館　②仙台市歴史民俗資料館
③仙台刑務所　④東北大学(片平)史学館

Q.306 七十七銀行の名前の由来として正しいのはどれでしょうか。
①県内の市町村数が77自治体でその数字で設立された
②国立銀行で77番目に設立された
③77人の人が資本金を出し合って設立された
④設立時の資本金が7,700万円で設立された

Q.307 仙台市内に本社を置く企業で最も収益額の大きい企業はどこでしょうか（平成29年度決算）。
①(株)ユアテック　②(株)七十七銀行
③カメイ(株)　④東北電力(株)

Q.308 仙台市内で400年続いている和紙工房の名前は何と言いますか。
①熊野和紙工房　②柳生和紙工房
③中田和紙工房　④太白和紙工房

正解と解説 ☞　　　　　　　　　　　　　地元学

A.302【正解③】
解説：1992年(平成4年)にアーケードの架け替えとあわせてクリスロード商店街に名前も変えました。以前は中央通と呼ばれていました(クリスロード商店街HPより)

A.303【正解③】
解説：JR東日本では2017年(平成29年) 12月15日、仙台駅開業130年を記念して、駅ナカとして「エキツジ」をオープンしました(JR東日本のHPより)

A.304正解③】
解説：1998年(平成10年)の8月号が創刊号、2018年(平成30年)に創刊20周年を迎えました(大人の情報誌りらくHPより)

A.305【正解②】
解説：1875年(明治8年)に陸軍歩兵第四連隊の兵舎として建築された建物です。仙台市歴史民俗資料館は主に明治以降の庶民生活資料等を展示しています(仙台市歴史民俗資料館HPより)

A.306【正解②】
解説：1872年(明治5年)に制定された国立銀行条例によって、全国に153行設立した77番目の国立銀行が前身です(七十七銀行HPより)

A.307【正解④】
解説：東北電力884億円、七十七銀行257億円、ユアテック124億円、カメイ98億円

A.308【正解②】
解説：2019年現在、佐藤ふみゑの工房1軒だけが伝統の和紙づくりを行っています。地域の学校の卒業証書等も手がけています

地元学

Q.309 作並地区にあるニッカウヰスキー工場は大手ビールメーカーの傘下にあります。それはどこのメーカーですか。
　　　①サントリービール　　②サッポロビール
　　　③キリンビール　　　　④アサヒビール

Q.310 仙台弁の「いずい」の意味はどれでしょうか。
　　　①かわいい　　②ぶさいく　　③しつこい　　④サイズが合わない

Q.311 仙台弁の「がおる」の意味はどれでしょうか。
　　　①馬鹿にされた、けなされた
　　　②疲れた、気分が落ち込む
　　　③恥をかいた、とんちんかんな発言
　　　④忘れものをした、間違って持っていた

Q.312 仙台市内で最も高い建築物はどれでしょうか（2019年〈平成31年〉1月1日現在）。
　　　①仙台トラストタワー　　②住友生命仙台中央ビル
　　　③NTTドコモ東北ビル　　④東北電力本店ビル

Q.313 JR東日本仙台駅は3つの区にまたがっていますが、駅舎の住所は何区でしょうか。
　　　①青葉区　　②宮城野区　　③若林区

Q.314 ベガルタ仙台の選手が入場行進の時にサポーターが歌う曲はなんですか。
　　　①シャンゼリゼ　　②カントリーロード
　　　③レッツゴー　　　④COBRA

Q.315 東北楽天ゴールデンイーグルスの球団歌はどれですか。
　　　①熱くなれ楽天イーグルス　　②ともに戦うイーグルス
　　　③羽ばたけ楽天イーグルス　　④ありがとう楽天イーグルス

正 解 と 解 説

地元学

A.309【正解④】
解説：2001年（平成13年）にアサヒビールがニッカの全株式を取得したことで、アサヒビールグループの一員となりました

A.310【正解④】
解説：その他に「しっくりしない」「不快感がある」など身体的にもしくは精神的に違和感がある状態を表します

A.311【正解②】
解説：その他に「精根つきる」の意味もあります

A.312【正解①】
解説：1位 仙台トラストタワー 180m、2位 住友生命中央ビル172m

A.313【正解①】
解説：駅舎全体は3区にまたがって建設されていますが、JR東日本の登記は青葉区になっています

A.314【正解②】

A.315【正解③】
解説：7回裏に球場に流れます。その他に選手登場曲や選手個人毎の応援歌や各種テーマ曲が決まっています（東北楽天ゴーデンイーグルスHPより）

中 級 編

歴史・史跡・伝統的工芸品

雑学1000題 中級

Q.316 伊達政宗公と弟小次郎君とは何歳違いですか。
　　　①1歳　　②2歳　　③3歳　　④4歳

Q.317 伊達家が戦で使用した軍旗は何色でしょうか。
　　　①赤色　　②オレンジ色　　③青色　　④紺色

Q.318 仙台藩五代藩主伊達吉村公は、江戸幕府の何代将軍と同時期でしたか。
　　　①六代将軍徳川家宣　　②七代将軍徳川家継
　　　③八代将軍徳川吉宗　　④九代将軍徳川家重

Q.319 伊達政宗公が朝鮮から持ち帰った「梅の木」の名前は何といいますか。

Q.320 伊達政宗公は正室愛姫との間に何人の子どもを授かりましたか。
　　　①二男一女で3人　　②三男一女で4人
　　　③三男二女で5人　　④三男三女で6人

Q.321 伊達政宗公は何歳まで生きましたか。
　　　①49歳　　②62歳　　③70歳　　④75歳

Q.322 支倉常長の生誕地はどこですか。
　　　①仙台市　　②石巻市　　③松島町　　④米沢市

Q.323 青葉神社の拝殿に据えられている太鼓の名前はどれですか。
　　　①お祈りの太鼓　　②合戦の太鼓　　③朝の太鼓　　④時の太鼓

Q.324 伊達政宗公は藩主になってから仙台城を留守にすることが多く、「仙台城留守居役」を家臣に任せました。その任にあたることが多かったのは誰でしょうか。
　　　①伊達成実　　②片倉浩小十郎景綱　　③茂庭綱元　　④留守政景

Q.325 伊達政宗公が元服した当時の伊達家の居城はどこですか。
　　　①米沢城　　②岩出山城　　③青葉城　　④黒川城（会津若松）

Q.326 伊達政宗公の長女五郎八姫と結婚した徳川家康公の子息は誰でしょうか。
　　　①長男松平信康　　②四男松平忠吉
　　　③六男松平忠輝　　④七男松平公千代

Q.327 奥羽越列藩同盟の盟主であった十三代藩主は誰ですか。
　　　①伊達宗基　　②伊達邦成　　③伊達斎邦　　④伊達慶邦

正解と解説 .... 歴史・史跡・伝統的工芸品

A.316【正解①】
解説：伊達政宗公は1567年（永禄10年）生まれ。弟小次郎君は1568年（永禄11年）生まれ、幼名は竺丸。元服後は小次郎政道と名乗ったとされますが、資料は発見されていません（小次郎は通称）

A.317【正解④】
解説：紺地に金丸。伊達政宗公の本陣は白地に仙台笹の家紋の旗印

A.318【正解③】
解説：伊達吉村公：藩主就任1703年（元禄16年）～1743年（寛保3年）隠居
徳川吉宗公：将軍就任1716年（享保元年）～1745年（延享2年）隠居

A.319【正解 臥龍梅（がりょうばい）】
解説：伊達政宗公が1593年（文禄2年）に朝鮮から持ち帰ったとされる梅の木。現在は宮城刑務所内で生育しています。1942年（昭和17年）に国の天然記念物に指定

A.320【正解②】
解説：正室愛姫からは4人（五郎八姫　忠宗　宗綱　竹松丸）。側室が生んだ子を含めると政宗公は、記録上は子どもが16人いました

A.321【正解③】
解説：1567年9月5日（永禄10年8月3日）～ 1636年6月27日（寛永13年5月24日）
参考：織田信長 享年49歳、豊臣秀吉 享年62歳、徳川家康 享年75歳

A.322【正解④】
解説：生まれは羽州置賜郡長井荘、現在の山形県米沢市。7歳のとき伯父の支倉時正の養子となりました

A.323【正解④】
解説：仙台城内において時や合図を知らせる太鼓。維新後の城の取り壊しの際民間に払い下げられ、1875年（明治8年）に奉納された

A.324【正解③】
解説：留守居役はその都度任命されましたが、茂庭綱元が多く務めました（「伊達武将隊かわら版」より）

A.325【正解①】
解説：伊達政宗公が24歳まで出羽の米沢城が伊達家の居城でした

A.326【正解③】
解説：松平忠輝は徳川家康の側室茶阿局との子。五郎八姫は1616年（元和2年）に離婚以後は仙台城で暮しました。1661年（寛文元年）68歳で死去、墓所は松島の天麟院

A.327【正解④】
解説：奥州越列藩同盟の盟主であった為に罰せられ、隠居することとなりました。伊達宗基公は十四代藩主。伊達邦成公は幕末の亘理城主で、減封後に家臣団を引き連れ、北海道有珠の開拓に活路を求めました。伊達斎邦公は十二代藩主

歴史・史跡・伝統的工芸品

雑学1000題

Q.328 仙台藩は明治維新で新政府軍に負けて大幅に石高が減封(げんぽう)されました。62万石がいくらに減封されましたか。
①18万石　②28万石　③38万石　④48万石

Q.329 伊達政宗公は伊達家何代目の当主でしょうか。
①初代当主　②七代当主　③十三代当主　④十七代当主

Q.330 1946年(昭和21年)6月に仙台市で市長公選が行われました。市長に選ばれた人は誰ですか。
①岡崎栄松　②金森誠之　③佐々木更三　④佐々木家寿治

Q.331 仙台市に革新市政を誕生させたのは弁護士の島野武でした。島野武は何期仙台市長を務めましたか。
①5期　②6期　③7期　④8期

Q.332 仙台市博物館に展示してある伊達政宗公が所有した甲冑(黒漆五枚胴具足)の重さはどのくらいでしょうか。
①約18kg　②約22kg　③約25kg　④約27kg

Q.333 伊達政宗公が仙台城下に造った最初の味噌醸造所の名前は何といいますか。
①味噌蔵　②御塩噌蔵　③塩噌蔵　④御味噌蔵

Q.334 仙台藩の石高の62万石は、全国で何番目の石高でしたか。
①一番目　②二番目　③三番目　④四番目

Q.335 伊達政宗公は何歳で元服しましたか。
①9歳　②11歳　③13歳　④15歳

Q.336 一般的に伊達騒動と呼ばれる寛文事件の原因は何ですか。
①家老原田甲斐宗輔と伊達一門との対立
②三代藩主伊達綱宗公の遊興放蕩三昧を親族大名らが幕府に提訴
③四代藩主伊達綱村公の後見伊達宗勝による藩権力の横暴
④涌谷領主伊達安芸宗重と登米領主伊達式部宗倫の境界争い

Q.337 慶長遣欧使節団の目的は何ですか。
①ローマ法王に面会して、キリスト教の布教に関する取り決めをすること
②イスパニアと通商条約を結んで、貿易を盛んにすること
③メキシコと親善条約を締結して、友好関係を築くこと
④ヨーロッパを見聞して、日本に武器を持ち帰ること

正解と解説 ☞ ……… 歴史・史跡・伝統的工芸品

A.328【正解②】
解説：1868年(明治元年)に、同盟軍及び新政府軍に降伏し藩籍奉還しました。領地は名取、宮城、黒川、玉造、加美、志田6郡となりました

A.329【正解④】
解説：出羽国・陸奥国を治めました。伊達家始祖朝宗公が、源頼朝公より陸奥国伊達郡を与えられて伊達姓を名乗ったことが始まりといわれています

A.330【正解①】
解説：岡崎栄松：宮城県商工経済連合会理事長、金森誠之：内務省仙台土木出張所長、佐々木更三：元日本社会党委員長、佐々木家寿治：元衆議院議員及び宮城県知事。それまでは市会で議員による選挙で選ばれていました

A.331【正解③】
解説：1958年(昭和33年)～1984年(昭和59年)まで7期務めました

A.332【正解②】（仙台市HPより）

A.333【正解②】
解説：伊達政宗公が兵糧や城内の糧としての味噌を常に確保できるよう仙台城築城の際、城内に「御塩噌蔵(おえんぞくら)」という味噌醸造所を設けました。また、味噌醸造家頭の真壁屋古木市兵衛を御用味噌屋に登用し、品質の向上を図らせました

A.334【正解③】
解説：一番が加賀藩120万石、二番が薩摩藩72万8,000石、三番が伊達藩62万石、四番が尾張藩61万9,500石、五番が紀伊藩55万石です

A.335【正解②】
解説：11歳で元服して藤次郎政宗を名乗りました

A.336【正解④】
解説：仙台藩では地方知行を藩の施策として実施していましたが、その為に土地の境界争いが絶えませんでした。その典型が、涌谷領主伊達安芸宗重と登米領主伊達式部宗倫の土地の境界争いで、三代藩主綱宗公の隠居事件に端を発する伊達宗勝派と反宗勝派の権力争いもあり、幕府の仲裁の場で宗勝派の原田甲斐が反宗勝派筆頭伊達安芸を斬りつけた事件です

A.337【正解②】
解説：伊達政宗公からの親書を持参して、イスパニア国と通商条約を結び仙台藩の財政を豊かにすることが目的でした。政宗公が日本の一大名でしかなく日本国の王でなかったために、通商条約を結ぶことはできませんでした

歴史・史跡・伝統的工芸品

Q.338 伊達政宗公の長子秀宗は伊予国宇和島藩の藩主になりましたが、宇和島藩は当時何万石でしたでしょうか。
①1万石　②2万石　③5万石　④10万石

Q.339 伊達政宗公の初陣は何歳だったでしょうか。
①13歳　②15歳　③17歳　④19歳

Q.340 伊達政宗公が岩出山城に居城していたのは何年間だったでしょうか。
①約5年間　②約7年間　③約9年間　④約12年間

Q.341 伊達政宗公の弟小次郎君の墓はどこにありますか。
①瑞巌寺　②長谷寺　③瑞鳳殿　④覚範寺

Q.342 伊達政宗公の身長は何cmでしょうか。
①159cm　②163cm　③167cm　④170cm

Q.343 伊達政宗公のご母堂は何藩の出身ですか。
①最上藩　②佐竹藩　③上杉藩　④南部藩

Q.344 仙台藩の財政危機を救った五代藩主は誰ですか。
①伊達忠宗　②伊達吉村　③伊達綱宗　④伊達宗村

Q.345 伊達政宗公の趣味はなんだったでしょうか。
①料理、能、和歌、書　②囲碁、絵画　③ものづくり　④彫刻、焼き物

Q.346 仙台藩の忍者部隊の名前はなんと言いますか。
①黒脛巾組(くろはばきくみ)　②風魔党　③忍　④担猿(のぎさる)

Q.347 仙台藩の藩校を設立した藩主は誰ですか。
①初代藩主伊達政宗公　②二代藩主伊達忠宗公
③五代藩主伊達吉村公　④八代藩主伊達斉村公

Q.348 仙台藩の石高は62万石でしたが、石高の一石は何を表す単位ですか。
①米の収穫量を表す単位　②領地の面積を表す単位
③領地の産業規模を表す単位　④藩の兵力を表す単位

Q.349 伊達政宗公の誕生日はいつですか。
①1537年(天文6年)5月23日　②1567年(永禄10年)9月5日
③1597年(慶長2年)7月18日　④1607年(慶長12年)3月15日

正 解 と 解 説　……… 歴史・史跡・伝統的工芸品

A.338【正解④】
解説：徳川秀忠公から大阪冬の陣の恩賞として、1615年(慶長20年)宇和島10万石を与えられました。伊達秀宗から9代続けて宇和島を支配。宇和島藩は仙台藩の支藩ではなく国主格の大名です

A.339【正解②】
解説：1581年(天正9年)の相馬攻めで初陣。梁川八幡神社で戦勝祈願しました。丸森町金山に初陣地の看板があります

A.340【正解④】
解説：1591年(天正19年)～1603年(慶長8年)の約12年間岩出山城を居城としました(大崎市HPより)

A.341【正解②】
解説：1590年(天正18年)保春院による政宗公暗殺が発覚し、保春院のかわりに成敗されたと伝わっています

A.342【正解①】
解説：瑞鳳殿の再建に伴う1947年(昭和49年)の発掘調査で159.4cm、顔は面長と判明しました

A.343【正解①】

A.344【正解②】
解説：吉村公は伊達家宮床領主から四代藩主綱村公の養子となり五代藩主となりました。忠宗公は二代藩主、綱村公は四代藩主、宗村公は六代藩主

A.345【正解①】
解説：多趣味で和歌、香、茶、能、書を堪能し、鼓は名人級でした。酒(量は少ない)、煙草をたしなみ、他にブローチ(舶来品)の蒐集、料理なども伝わっています

A.346【正解①】
解説：「伊達秘鑑」によれば、信夫郡鳥屋の城主安部対馬重定に命じて50人ぐらいの忍部隊を作りました。諜報活動、流言蜚語等を流布するのが主な役割

A.347【正解③】
解説：1736年(元文元年)に五代藩主吉村公が城下に学問所を開設。1771年(明和8年)に第七代藩主重村公が養賢堂と命名しました

A.348【正解①】
解説：一石は10斗・100升・1,000合、kgに換算すると一升約1.5kgなので約150kgとなります

A.349【正解②】
解説：1567年9月5日(永禄10年8月3日)出羽の米沢城で誕生しました。幼名梵天丸

歴史・史跡・伝統的工芸品

Q.350 仙台空襲は合計3回ありました。最も大きな被害のあった日はいつですか。
　　　①1945年(昭和20年)3月7日
　　　②1945年(昭和20年)7月3日
　　　③1945年(昭和20年)7月10日
　　　④1945年(昭和20年)8月15日

Q.351 伊達政宗公は多くの和歌を詠んでいます。次の4つの中で伊達政宗公の辞世の句はどれですか。
　　　①雲なりき心の月を先だてて浮世の闇をてらしてぞ行く
　　　②出るより入る山の端はいづくぞと月にとはまし武蔵野の原
　　　③雲霧はたちへたつとも秋の夜の名高き月の名やはかくるる
　　　④親もなし妻なし子なし版木なし金も無ければ死にたくもなし

Q.352 仙台三十三観音が最も多くある区はどこですか。
　　　①青葉区　　②若林区　　③宮城野区　　④太白区

Q.353 陸奥国分寺薬師堂が建立された時代はいつですか。
　　　①奈良時代　　②平安時代　　③安土桃山時代　　④江戸時代

Q.354 伊達政宗公は川村孫兵衛に命じて貞山掘の築造を行いました。貞山掘の延長は約何kmあるでしょうか。
　　　①約25km　　②約36km　　③約46km　　④約55km

Q.355 1628年(寛永5年)に完成した若林城は伊達政宗公の晩年の居城でした。現在若林城の跡地は何に使われていますか。
　　　①宮城刑務所　　②仙台第一高等学校
　　　③若林区役所　　④聖ウルスラ学院英智

Q.356 定義如来西方寺の由来はどれでしょうか。
　　　①平家が陸奥国を配下にする為に西方寺を建立して阿弥陀如来像を安置した
　　　②源義経が源頼朝から逃れて西方寺を建立して阿弥陀如来像を安置した
　　　③源頼朝が陸奥国を収める為に西方寺を建立して阿弥陀如来像を安置した
　　　④平家の重臣が追手から逃れて、主君から託された阿弥陀如来像を安置した

Q.357 大年寺山に2基ある伊達家墓所の名前は、それぞれ何といいますか。

正 解 と 解 説 ……… 歴史・史跡・伝統的工芸品

A.350【正解③】
解説：当時の河北新報からの配信で、仙台空襲は1945年（昭和20年）7月10日午前0時3分から2時5分まで。アメリカ軍爆撃機「B29」123機が攻撃、912t、1万2,961発の焼夷弾を投下。死者1,399人、負傷者1,683人とあります

A.351【正解①】
解説：②、③は政宗公の詠んだ歌④は林子平の歌（仙台市史通史編3（平成13年発行）近世1より）

A.352【正解②】
解説：若林区17か所、青葉区10か所、宮城野区3か所、太白区3か所。仙台三十三観音は元禄年間（1688年～1704年）に仙台城下に置かれた観音堂から選定されました（河北新報社刊「祈りの街 仙台三十三観音を訪ねて」より）

A.353【正解①】
解説：陸奥国分寺は天平年間に聖武天皇によって創建された国分寺の1つで、国分寺としては最北に築造。1189年（文治5年）に焼失しましたが、1607年（慶長12年）政宗公によって再建されました

A.354【正解③】
解説：塩竈湾から阿武隈川河口までの仙台湾の沿岸部に沿って造られた運河を総称して貞山堀（運河）といいます

A.355【正解①】
解説：1879年（明治12年）宮城集治監を設置、1922年（大正11年）宮城刑務所と改称しました

A.356【正解④】
解説：平家が壇ノ浦の戦いで敗れた後に、肥後守平貞能公が平重盛公から託された阿弥陀如来像を守り源氏の追討を逃れてこの地に隠れ、また名を定義と改めました。そのためこの土地が「定義」と、如来が「定義如来」と呼ばれるようになりました（定義如来HPより）

A.357【正解　無尽灯廟　宝華林廟】

歴史・史跡・伝統的工芸品

Q.358 伊達政宗公が戦った「人取橋の戦い」の場所はどこですか。
　　　　①丸森町付近　　　　②白石市付近
　　　　③福島県本宮市付近　④福島県会津若松市付近

Q.359 伊達政宗公によって、仙台の辰巳の護りとして造営された愛宕神社は何の神でしょうか。
　　　　①水防の神　　②戦の神　　③火防の神　　④庶民の神

Q.360 仙台藩の刑場は、仙台琵琶首（青葉区花壇）から後に米ヶ袋と移設しましたが、地域から嫌われる施設であった為に再度移設しました。移設した先はどこでしょうか。
　　　　①七北田　　②北山　　③南小泉　　④岩切

Q.361 伊達政宗公の師である虎哉和尚は北山五山のどの寺の住職を務めましたか。
　　　　①東昌寺　　②資福寺　　③光明寺　　④満勝寺　　⑤覚範寺

Q.362 仙台市内には金蛇水神社の分霊社が3か所あります。次の中で1つだけ違うのはどこでしょうか。
　　　　①一番町分霊社　　②鉄砲町分霊社　　③立町分霊社　　④宮町分霊社

Q.363 遠見塚古墳はいつごろ作られたものですか。
　　　　①縄文時代　　②弥生時代　　③古墳時代　　④飛鳥時代

Q.364 伊達政宗公が再建した陸奥国分寺は仙台三十三観音の何番札所になりますか。
　　　　①第十番札所　　　②第十五番札所
　　　　③第二十番札所　　④第二十五番札所

Q.365 榴岡公園にある仙台市歴史民俗資料館は、仙台市内で最古の洋風木造建築物です。建築されたのはいつ頃でしょうか。
　　　　①明治時代初期　　②明治時代末期
　　　　③大正時代　　　　④昭和時代初期

Q.366 伊達政宗公が生涯を閉じたのは仙台藩江戸屋敷ですが、どの屋敷でしょうか。
　　　　①品川下屋敷　　②芝口上屋敷
　　　　③外桜田上屋敷　④麻布下屋敷

正解と解説　　　　………　歴史・史跡・伝統的工芸品

A.358【正解③】
解説：1585年(天正13年)に佐竹・蘆名氏ら連合軍と伊達家の戦い。伊達家が勝利しました

A.359【正解③】
解説：愛宕神社は仙台総鎮守。仙台の辰巳の方向を護る火伏せの神として造営されました。桜門両袖に大天狗と烏天狗が鎮座しています

A.360【正解①】

A.361【正解②】
解説：伊達輝宗公が政宗公の教育係として招き、資福寺の住職としました

A.362【正解④】（金蛇水神社HPより）

A.363【正解③】
解説：4世紀後半から5世紀初頭のものと推定されています

A.364【正解④】
解説：仙台三十三観音の二十五番札所が陸奥国分寺准胝観音堂の准胝観音です

A.365【正解①】
解説：1874年(明治7年)旧陸軍第2師団歩兵第4連隊の兵舎として建築。1987年(昭和62年)に6棟が解体されましたが、1棟のみ東側に移築し、当初の外観・構造に復元・保存されました

A.366【正解③】
解説：仙台藩外桜田上屋敷で伊達政宗公は生涯を閉じました。日比谷公園に看板があります（仙台市HPより）

歴史・史跡・伝統的工芸品

雑学1000題　中級

Q.367 芭蕉の辻の名前の由来については諸説があります。次の中で由来とされていない説はどれですか。
　　①松尾芭蕉が立ち寄って1句を読んだので
　　②大町、南町、国分町に番所があり「番所の辻」が転じて
　　③繁華な場所に辻があったので
　　④政宗公の虚無僧が功績を認められてこの地を与えられた
　　⑤昔この地に芭蕉の木があったので

Q.368 北山五山(満勝寺は移転)は代々伊達家と長い係わりを持つ寺です。北山五山に共通する事柄は何ですか。
　　①伊達家の出身、福島県伊達郡からの係わりがある
　　②全て臨済宗である
　　③伊達家の菩提寺である
　　④寺の建築様式が桃山式建築である

Q.369 泉区市名坂の実相寺に赤穂浪士の墓があります。それは誰でしょうか。
　　①磯貝十郎左衛門　　②奥田孫太夫
　　③不破数右衛門　　　④寺坂吉右衛門

Q.370 荒町にある泰心院の山門は、仙台藩に関係する施設から移設された由緒あるものです。元々設置されていた場所はどこですか。
　　①仙台市歴史民俗資料館　②仙台東照宮　③藩校養賢堂　④満勝寺

Q.371 仙台三十三観音を選定した藩主はだれですか。
　　①伊達政宗公　②伊達綱村公　③伊達吉村公　④伊達慶邦公

Q.372 仙台城には5か所に櫓がありましたが、1967年(昭和42年)に再建した櫓はどれですか。
　　①巽櫓　②艮櫓　③西脇櫓　④脇櫓　⑤東脇櫓

Q.373 伊達輝宗公の墓はどこにありますか。
　　①宮城県仙台市　②福島県伊達市
　　③山形県高畠町　④山形県米沢市

Q.374 作並系伝統こけしは一般的にどんな特徴がありますか。
　　①頭が小さく、胴が細くろくろ模様がある
　　②頭が大きく、胴が細身で模様は付いていない
　　③胴が細く、胴に蟹に似た菊模様がある
　　④胴が太くて、頭が黒ぬり

正解と解説 ……… 歴史・史跡・伝統的工芸品

A.367【正解①】
　解説：芭蕉の辻は奥州街道と青葉城に行く道が交差する所で一番栄えた所です。芭蕉の辻界隈は藩政時代から昭和の始め頃まで繁栄していました

A.368【正解②】
　解説：北山五山は、東昌寺、資福寺、光明寺、満勝寺（後に柏木に移転）、覚範寺を言います。覚範寺は米沢から岩出山、北山へと移りました。現在は輪王寺（曹洞宗）を加えて北山五山と数えることもあります

A.369【正解④】
　解説：寺坂吉右衛門は謎に包まれた人物です。仙台市の実相寺の他に東京泉岳寺を始め全国7か所に墓があります

A.370【正解③】
　解説：養賢堂が明治維新後に、県庁舎として使用される事になり、払い下げられました。仙台市の登録文化財

A.371【正解②】
　解説：四代藩主伊達綱村公によって元禄年間（1688年～1704年）に選定されたと言われています（河北新報社「祈りの街仙台 三十三観音を訪ねて」より）

A.372【正解④】
　解説：2層式の脇櫓は1967年（昭和42年）に外観復元されました。城跡の北側にあり、観光客などを一番始めに迎えてくれます

A.373【正解③】
　解説：山形県東置賜郡高畠町資福寺跡にあります

A.374【正解③】
　解説：細い胴には蟹に似た独特の菊模様が描かれています

歴史・史跡・伝統的工芸品

Q.375 仙台市にある伝統的工芸品のうち、仙台箪笥を作る主な木地材料は何ですか。
　　　　①スギ　　②ケヤキ　　③ヒノキ　　④マツ

Q.376 こけしづくりに使われる材料は、その工人によって違いはありますが、主に使われる材料は何ですか。
　　　　①スギ　　②ケヤキ　　③ミズキ　　④ヒノキ

Q.377 1985年(昭和60年)に県の伝統的工芸品にも指定された仙台市の伝統的工芸品「仙台釣竿」は、いつの時代から作られましか。
　　　　①江戸時代の初期　　②江戸時代の末期(明治維新の始め)
　　　　③明治時代　　　　　④大正時代

Q.378 仙台の伝統的工芸品である「仙台堆朱」は2011年(平成23年)に賞を受賞しました。何という賞ですか。
　　　　①ものづくり日本大賞　　②グッドデザイン賞
　　　　③伝統的工芸品産業大賞　④経済産業大臣賞

Q.379 仙台市内には伝統的工芸品は何種類ありますか。
　　　　①5種類　　②7種類　　③9種類　　④11種類

Q.380 2002年(平成14年)に人間国宝に認定された、伝統的工芸品「仙台平」を受け継いでいる方は誰でしょうか。
　　　　①甲田綾郎　　②芳賀強　　③田村政孝　　④小竹孝

正解と解説 ……… 歴史・史跡・伝統的工芸品

A.375【正解②】
解説：木地としてケヤキ・栗の木等。江戸時代末期に誕生し明治・大正にかけて発展しました（宮城県発行伝統的工芸品パンフレットより）

A.376【正解③】
解説：ミズキが最も多く、その他はカエデ等が材料として使用されています。特徴は木肌が白い、削り易い、乾燥しても割れない、年輪が目立たない等（平賀こけし店HPより）

A.377【正解①】
解説：伊達政宗公も鮎釣りなどで使用したと言われています。200にもおよぶ工程を2～3か月かけて行い、1本の継ぎ竿とします

A.378【正解②】
解説：仙台堆朱唯一の匠、南一徳が2011年（平成23年）「陶胎漆器・盃」でグッドデザイン賞を受賞しました。堆朱は朱漆を何層にも厚く塗り重ねてから文様を彫刻しますが、仙台堆朱は彫刻を効率化するため開発された型押し技法が特徴です

A.379【正解④】
解説：宮城伝統こけし、堤焼、埋木細工、堤人形、仙台張子、仙台釣竿、仙台平、仙台御筆、玉虫塗、仙台箪笥、仙台堆朱

A.380【正解①】
解説：2002年（平成14年）に重要無形文化財「精好仙台平」技術保持者（人間国宝）に認定。芳賀強は堤人形職人、2017年（平成29年）「現代の名工」の表彰。田村政孝は仙台釣竿職人、小竹孝は埋木細工職人（宮城県HPより）

観光・伝統行事・イベント

Q.381 仙台市を訪れた外国人の観光客は年間約何人でしょうか（平成29年度統計の宿泊客数）。
①約10万人　②約13万人
③約16万8,000人　④約17万5,000人

Q.382 仙台市中心部の観光スポットを循環する観光バス「るーぷる仙台」の、運行ルートから外れている史跡はどこですか。
①仙台城　②瑞鳳殿　③仙台東照宮　④大崎八幡宮

Q.383 2016年（平成28年）に改定になった仙台駅仙台空港線ホームの発車メロディーはどれですか。
①Around The World（アラウンド・ザ・ワールド）
②仙台すずめ踊り
③荒城の月
④青葉城恋歌

Q.384 仙台市内で最も入込客の多い場所はどこでしょうか（平成29年度の延人数）。
①仙台城跡/瑞鳳殿/仙台市博物館
②楽天生命パーク宮城
③秋保温泉/秋保大滝/二口渓谷
④定義如来

Q.385 秋保温泉の開湯はおおよそ何年前でしょうか。
①約100年前　②約500年前　③約1000年前　④約1,500年前

Q.386 作並温泉の開湯は何年頃でしょうか。
①520年　②721年　③1022年　④1797年

Q.387 2017年（平成29年）に、仙台市を訪れた観光客数は何人でしょうか。
①約1,000万人　②約1,600万人
③約2,200万人　④約2,700万人

Q.388 東北随一の歓楽街国分町（稲荷小路、虎屋横丁を含む）には、おおよそ何軒の店がありますか。
①約1,000軒　②約1,700軒　③約2,700軒　④約3,700軒

Q.389 仙台東照宮で毎月開催されている「仙台古民具骨董青空市」の開催日はいつですか。
①毎月第1日曜日　②毎月第2日曜日
③毎月第3日曜日　④毎月第4日曜日

正 解 と 解 説 ☞ ········ 観光・伝統行事・イベント

A.381【正解③】
解説：平成29年度の統計で、外国人観光客の総数は16万8,632人です(仙台市HPより)

A.382【正解③】
解説：るーぷる仙台は仙台市中心部から青葉山地区を結ぶ観光スポットを循環しています

A.383【正解①】
解説：在来線1番〜6番が「ff（フォルテシモ）」、仙台空港線は「Around The World」に変わりました。7・8番ホームは変更せず「仙台すずめ踊り」のままです

A.384【正解③】
解説：仙台城周跡/瑞鳳殿/仙台市博物館96万7,822人、楽天生命パーク宮城164万4,538人、秋保温泉/二口渓谷/秋保大滝170万7,565人、定義如来77万1,386人(仙台市HPより)

A.385【正解④】
解説：正確な開湯時期は不明ですが、第29代の欽明天皇(在位539年〜571年)の皮膚病を治したといわれています。その時に「名取の御湯(みゆ)」という称号を賜りました

A.386【正解④】
解説：作並温泉は、奈良時代の高僧行基が発見した、鎌倉時代に源頼朝が兵馬を休めたなどの伝説があり、古くから土地の人々には知られていました。1797年(寛政8年)に岩松氏が伊達斎村公の許可を得て温泉地を開発。8年の歳月をかけて、道路や設備を整え元湯が開かれました(岩松旅館HPより)

A.387【正解③】
解説：平成29年度の統計で2,200万1,714人(仙台市HPより)

A.388【正解③】（国分町街づくりプロジェクトHPより）

A.389【正解④】
解説：毎回20店舗ほどが参加します。時間は7:00〜15:00頃

観光・伝統行事・イベント

Q.390 セルコホームズーパラダイス八木山(八木山動物公園)で飼育されている動物は何種・何頭でしょうか(2018年〈平成30年〉3月末現在)。
　　①約110種、約400頭の動物　　②約130種、約580頭の動物
　　③約150種、約720頭の動物　　④約180種、約950頭の動物

Q.391 子ども達に人気の娯楽施設「仙台アンパンマンこどもミュージアム＆モール」は、2011年(平成23年)に宮城野区小田原地区にオープンしました。同施設が政令指定都市の中で最も早くできたのはどこでしょうか。
　　①仙台市　　②横浜市　　③名古屋市　　④神戸市　　⑤福岡市

Q.392 セルコホームズーパラダイス八木山(八木山動物公園)の平成29年度の入園者数は何人でしょうか。
　　①約27万人　　②約37万人　　③約47万人　　④約57万人

Q.393 JR東日本が運行している仙台〜新庄間の観光を目的としている「リゾートみのり」はいつから運行されていますか。
　　①2000年(平成12年)　　②2005年(平成15年)
　　③2008年(平成20年)　　④2013年(平成25年)

Q.394 仙台市博物館の庭にある茶室の名称はなんといいますか。
　　①残月亭　　②観覧亭　　③晩翠草堂　　④養軒堂

Q.395 秋保温泉郷にある「仙台万華鏡美術館」はいつ開館しましたか。
　　①1985年(昭和60年・東北新幹線上野駅乗り入れ)
　　②1990年(平成2年・仙台空港発の国際定期便ソウル便が就航)
　　③1999年(平成11年・太白区文化センター〈楽楽楽ホール〉開館)
　　④2005年(平成17年・フィンランドオウル市と産業振興協定締結都市提携)

Q.396 仙台セルコホームズーパラダイス八木山(八木山動物公園)は、80年近い歴史の間に2回移転しています。1936年(昭和11年)一番最初に開園した場所はどこですか。
　　①若林区河原町　　②青葉区片平
　　③青葉区荒巻三居沢　　④青葉区評定河原

Q.397 仙台市内の観光スポットめぐりには「るーぷる仙台」が便利です。1循環に要する時間は何分程度でしょうか。
　　①約50分　　②約70分　　③約90分　　④約110分

正解と解説 ………観光・伝統行事・イベント

A.390【正解②】
解説：平成29年度統計によると、2018年(平成30年)3月末までの飼育頭数は130種581頭飼育です(セルコホームズーパラダイス八木山HPより)

A.391【正解②】
解説：横浜市は2007年(平成19年)、名古屋市は2010年(平成22年)、神戸市は2013年(平成25年)、福岡市は2014年(平成26年).

A.392【正解④】
解説：平成29年度は57万6,831人でした(仙台市HPより)

A.393【正解③】
解説：主に土・日・祝日の1日1往復。3両編成で約3時間かけて仙台～新庄間運行。奥の細道湯けむりラインの愛称で親しまれており、先頭車輌に展望スペースあり。定員は104名

A.394【正解①】
解説：残月亭は4畳半の寄棟造りで、伊達家の茶室「残月亭」の名を受け継ぐ仙台市指定文化財です

A.395【正解③】
解説：万華鏡は19世紀初頭でスコットランドで生みだされました。1999年(平成11年)に開館した「見て、触れて、作れる体験型ミュージアム」

A.396【正解④】
解説：1936年(昭和11年)青葉区評定河原に開園。1944年(昭和19年)空襲で動物が逃げ出して人間に危害を加える可能性が懸念され、ライオンなどの猛獣や、大型動物が殺処分されて閉園しました。戦後、復活の声が高まり1957年(昭和30年)、広瀬川沿いの三居沢に復活しました

A.397【正解②】
解説：約70分で1循環。土日祝日は15分間隔、平日20分間隔で運行しています

| 観光・伝統行事・イベント　雑学1000題

Q.398 「るーぷる仙台」が運行始めたのはいつでしょうか。
　　①1985年（昭和60年・テレトピア・モデル都市指定）
　　②1992年（平成4年・シルバーセンター開館）
　　③1999年（平成11年・太白区文化センター〈楽楽楽ホール〉開館）
　　④2009年（平成21年・仙台商業高等学校と仙台女子商業高等学校の統合）

Q.399 セルコホームズーパラダイス八木山（八木山動物園）が八木山に開園したのはいつですか。
　　①1956年（昭和31年・NHK仙台テレビ開局）
　　②1965年（昭和40年・市役所庁舎完成）
　　③1971年（昭和46年・仙台新港開港）
　　④1977年（昭和52年・新仙台駅開業）

Q.400 通称仙台の三大まつりに入らないのはどれですか。
　　①仙台七夕まつり　　　　②仙台・青葉まつり
　　③みちのくYOSAKOIまつり　④SENDAI光のページェント

Q.401 西公園で開催される春の風物詩として親しまれているイベントは何ですか。
　　①桜まつり　　②杜の都づくり「植木市」
　　③天満宮まつり　④西公園まつり

Q.402 秋保工芸の里はいつオープンしましたか。
　　①1975年（昭和50年・東北自動車道が仙台南まで開通）
　　②1988年（昭和63年・仙台市に泉市、秋保町を編入）
　　③1993年（平成5年・若林区文化センター開館）
　　④1998年（平成10年・新武道館・青葉体育館開館）

Q.403 仙台市の光のページェントが始まったのはいつですか。
　　①1981年（昭和56年・笹谷トンネルが開通）
　　②1986年（昭和61年・東北新幹線の乗客が1億人を突破）
　　③1989年（平成元年・仙台市が政令指定都市）
　　④1993年（平成5年・藤井市長が誕生）

Q.404 仙台・青葉まつりを開催した経緯は次のうちどれですか。
　　①仙台市が政令指定都市になったことを記念して
　　②仙台城開城350年を記念して
　　③伊達政宗公没後350年を記念して
　　④伊達政宗公生誕350年を記念して

正解と解説 ■☞　………観光・伝統行事・イベント

A.398【正解③】
解説：1999年（平成11年）に営業開始。3台のバスで1日15便の運行をしています。2001年（平成13年）には黒字化達成。2003年（平成15年）には乗客数100万人を達成しました

A.399【正解②】
解説：1965年（昭和40年）に現在の場所に移転して八木山動物園として開園しました

A.400【正解③】
解説：みちのくYOSAKOIまつりと定禅寺ストリートジャズフェスティバルを加えて、仙台五大まつりということがあります（仙台市観光協会「仙台旅日和」HPより）

A.401【正解②】
解説：2019年で72回目を迎えます。仙台市と杜の都づくり植木市協賛会が主催し4月に行われます（2018年は4月7日～4月30日まで）。苗木販売、園芸講習会、苗木のプレゼント等もあります

A.402【正解②】
解説：1975年（昭和50年）に計画がスタート。伝統工芸家たちがこの里で仕事をし、生活をしています

A.403【正解②】
解説：毎年約280万人の人出があります。スターライトウインクは18:00、19:00、20:00の3回。2017年度の使用電力は5,000kWh。バイオマス発電によるグリーン電力を使用しています（SENNDAI 光のページェント公式HPより）

A.404【正解③】
解説：仙台・青葉まつりは1655年（明暦元年）に始まった仙台東照宮の仙台祭りが起源とされています。1874年（明治7年）に、青葉神社の礼祭に変わりましたが、昭和40年代に一時途絶えました。伊達政宗公没後350年の1985年（昭和60年）に「市民がつくる市民のまつり」として復活し、仙台の三大まつりとして定着しています

観光・伝統行事・イベント

Q.405 仙台藩にゆかりのある市町村が集まって伊達交流サミットを開催したのはいつですか。
①1967年（昭和42年・仙台市の人口50万人達成）
②1976年（昭和51年・市電廃止）
③1986年（昭和61年・第1回SENDAI光のページェント開催）
④2001年（平成13年・人口100万人達成）

Q.406 「とっておきの音楽祭」の開催趣旨について、次のうち正しいのはどれですか。
①音楽を楽しみながら心のバリアフリーを目指す活動
②市民と一緒に音楽を楽しむ集い
③音楽を通して心に潤いを育む集い
④ミュージシャンを育成する為の音楽イベント

Q.407 仙台市のイベントとして定着した「みちのくYOSAKOIまつり」の発祥地はどこでしょうか。
①札幌市　②仙台市　③高知市　④鹿児島市

Q.408 定禅寺ストリートジャズフェスティバルに出演条件はありますか。
①楽器を使った演奏が必要　②複数の人数で参加
③仙台市にゆかりのある方　④出演条件は無い

Q.409 作並温泉では観光事業の一環として「日本ことば遊び回文コンテスト交流大会 回文の里」を開催しています。この「回文の里」を始めるきっかけとなった人物は誰でしょうか。
①広瀬龍庵　②七福庵　③仙代庵　④康元庵

Q.410 「杜の都大茶会」が5月下旬に勾当台公園を中心にして開催されます。2018年（平成30年）の大茶会に参加した団体の数は何団体でしたか。
①7団体　②10団体　③13団体　④16団体

Q.411 仙台市内で毎年9月に行われる「定禅寺ストリートジャズフェスティバル」は色々な賞を受賞していますが、2006年（平成18年）にNHKから贈られた賞は何でしょうか。
①地域再生大賞　②東北ふるさと賞　③地域文化賞　④地域大衆賞

Q.412 2017年（平成29年）のSENDAI光のページェントで使われたLED電球は、いくつでしたか。
①約20万個　②約40万個　③約60万個　④約80万個

正解と解説 ……… 観光・伝統行事・イベント

A.405【正解③】
解説：仙台市が、仙台開府四百年祭の一事業として開催しました。伊達家と係りを持つ23市町(仙台を除く)が参加しました

A.406【正解①】
解説：障害のある人も無い人も一緒に音楽を楽しみながら心のバリアフリーを目指す趣旨で行っている仙台発祥の音楽祭。2019年で19回目の開催です

A.407【正解③】
解説：高知市発祥の「よさこい祭り」の流れをくみます。2018年(平成30年)は6か所の開場で146団体が参加しました

A.408【正解④】
解説：出演条件は無し。ただしオーディションはあります

A.409【正解③】
解説：仙代庵(1796年〈寛政8年〉～ 1869年〈明治2年〉)は作並と縁が深く、回文橋に碑があります。2019年で21回目の開催になります

A.410【正解③】
解説：表千家、裏千家、大日本茶道学会、江戸千家、玉川遠州流など13団体が参加しました

A.411【正解②】
解説：2006年(平成18年) NHK東北ふるさと賞の他にも、2002年(平成14年)サントリー地域文化賞などの賞を受賞しています(公益社団法人定禅寺ストリートジャズフェスティバル協会HPより)

A.412【正解③】
解説：約160本のケヤキに対して約60万個のLED電球を使用しています(SENNDAI 光のページェント公式HPより)

観光・伝統行事・イベント

雑学1000題 中級

Q.413 仙台七夕は昔は7月6日に行われていましたが、いつごろから8月実施になりましたか。
①江戸時代 ②明治時代 ③大正時代 ④昭和時代

Q.414 大崎八幡宮例大祭はいつ行われますか。

Q.415 仙台市の伝統行事で一番古いのはどれでしょうか。
①どんと祭 ②仙台七夕 ③青葉まつり ④仙台初売り

Q.416 八木山ベニーランドが開園したのはいつでしょうか。
①1950年(昭和25年) ②1961年(昭和36年)
③1968年(昭和43年) ④1972年(昭和47年)

Q.417 仙台七夕に飾る折鶴はどんな願いをするために吊り下げますか。
①芸事の上達を願って ②災害、病気などから守る
③健康長寿を願って ④折り紙が上手になることを願って

Q.418 秋保地域で伝統芸能として行われている「秋保田植踊」を行っていない地域はどこですか。
①長袋地区 ②馬場地区 ③湯元地区 ④境野地区

Q.419 毎年1月に仙台市消防出初式が行われています。出初式の名物「はしご乗り」はいつ頃から行われていましたか。
①江戸時代後期 ②明治中期 ③大正時代 ④昭和初期

Q.420 仙台すずめ踊りの舞い方は、扇子の動きがある文字に似ています。その文字は何ですか。
①英語の「Q」 ②数字の「8」 ③数字の「0」 ④英語の「S」

Q.421 仙台市の伝統芸能の中で、神楽、田植踊、剣舞、鹿踊等は現在も地域に根ざして行われています。大沢地区の他に田植踊が行われている地域はどこですか。
① 秋保の湯元 ②根白石の福岡 ③生出 ④岩切

Q.422 仙台すずめ踊りの由来について適切なものはどれでしょう。
①伊達藩の家紋「竹に雀」にちなんで踊ったことから
②軽快なテンポで、腰を屈めて踊るスタイルが雀に似ていたから
③伊達武士が宴会のたびによく踊っていたことから
④仙台城移徒式で堺等からの石工達が即興で披露した踊りから

正 解 と 解 説  ········ 観光・伝統行事・イベント

A.413【正解④】
解説：1873年（明治6年）の新暦採用を境に衰退していたものを、1928年（昭和3年）東北産業博覧会の行事として「七夕の飾りつけコンクール」を8月に開催しました。元々旧暦7月の行事であったことで、それ以後は月遅れの8月開催が定着しました

A.414【正解 9月】
解説：江戸時代より受け継がれてきた流鏑馬、伊達家ゆかりの能神楽などが奉納されます。1984年（昭和59年）から復活した神幸祭では大神輿の渡御があります

A.415【正解④】
解説：仙台初売りは伊達家が米沢城にいた頃から、正月2日に城下で買初めをする慣わしがあり、その習慣が米沢から岩出山に移ってきた町人たちによって持ち込まれました。どんと祭：1683年（天和3年）頃、仙台七夕：江戸初期1618年（元和4年）頃、青葉まつり：1655年（承応4年）から

A.416【正解③】
解説：2018年（平成30年）現在約30のアトラクション施設があります。地下鉄東西線が開通したことでアクセスが良くなりました

A.417【正解③】
解説：家の長老の数だけ折り、延命長寿を願います

A.418【正解④】
解説：かつては秋保のすべての地区に伝わっていましたが、戦後は、馬場地区、長袋地区、湯元地区のみとなりました

A.419【正解②】
解説：市消防局の資料によれば1884年（明治17年）に初めて披露されたとあります。7つの消防団が消火活動に従事しながら、伝承に努めています。2017年（平成29年）に市の無形民俗文化財に指定されました

A.420【正解②】
解説：仙台すずめ踊りは扇子を8の字を描くように動かして舞います

A.421【正解①】
解説：2009年（平成21年）にユネスコ無形文化遺産に登録。馬場、長袋、湯元の3つの地区の田植踊を総称して秋保の田植踊といいます。小正月にその年の五穀豊穣を願い、早乙女は地区の小学生の女子が務めます（秋保教育文化振興会HPより）

A.422【正解④】
解説：仙台城移徙式（城の新築移転の儀式）の宴席で石工らが即興で披露した踊りがすずめに似ていたことからといわれています

観光・伝統行事・イベント

雑学1000題 中級

Q.423 仙台七夕に飾る吹流しはどんな願いをするために吊り下げますか。
　　①美しくなること　　②災害から守られること
　　③雨乞い　　　　　　④織物と技芸の向上

Q.424 仙台・青葉まつりはなぜ5月に開催されますか。
　　①青葉神社に新芽が咲くころにあわせて
　　②青葉神社に祀る伊達政宗公の礼祭にあわせて
　　③青葉神社の建立が5月であったので
　　④仙台祭（仙台東照宮例祭）に由来して

Q.425 大崎八幡宮のどんと祭（松焚祭）の裸参りの由来は次のうちどれでしょうか。
　　①仙台市内の企業が商売繁盛を祈願した
　　②仙台市内の商店街組合が商売繁盛を祈願した
　　③仙台市内の酒杜氏たちが醸酒安全・吟醸祈願をした
　　④地域住民が門松の処分に困った

Q.426 伝統行事としての仙台初売りが、公的機関に認められている地域はどこでしょうか。
　　①仙台市内の繁華街だけ　　②仙台市内だけ
　　③宮城県内だけ　　　　　　④旧仙台藩領内だけ

Q.427 定義如来まつりはいつ行われますか。
　　①6月　　②7月　　③8月　　④9月

Q.428 陸奥国分寺薬師堂の柴燈大護摩供火渡り式が行われるのはいつですか。
　　①1月　　②2月　　③3月　　④4月

正 解 と 解 説 ☞　　　……… 観光・伝統行事・イベント

A.423【正解④】
解説：織姫の織り物を表し、裁縫が上達する事を願います

A.424【正解②】
解説：青葉神社の例祭は御祭神である伊達政宗公の命日(5月24日)にあわせて行われています

A.425【正解③】
解説：酒杜氏の醸酒安全・吟醸祈願が始まりといわれています

A.426【正解④】
解説：旧仙台藩領内の宮城県と岩手県の一部のみ、公正取引委員会が伝統行事として認めています

A.427【正解③】
解説：平貞能の供養と開山日に併せて8月の第1土曜日に行われます

A.428【正解②】
解説：柴燈大護摩供(さいとうおおごまく)は奉納された護摩木を御仏の知慧の炎で焚焼させて願いをご本尊に届けます。火渡り式は、護摩木焚焼きの後に、くすぶる燠火を広げた道の上を山伏先達の加持を受けて火の上を心に願いをもって素足で歩く火渡り修業です(護国山醫王院陸奥國分寺HPより)

芸術・文化

Q.429 土井晩翠の詩集はどれですか。
　　　①若葉集　　②一握の砂　　③道程　　④天地有情

Q.430 1987年(昭和62年)に放映されたNHKの大河ドラマ「独眼流政宗」の原作者は誰ですか。
　　　①海音寺潮五郎　　②司馬遼太郎　　③津本陽　　④山岡荘八

Q.431 仙台市の民放テレビ局で最も早くテレビ放送を開始したテレビ局はどこですか。
　　　①仙台放送　　②東北放送　　③ミヤギテレビ　　④東日本放送

Q.432 NHKの朝の連続ドラマで、仙台の根白石を舞台にしたドラマの題名はなんといいますか。
　　　①わかば　　②純情きらり　　③天花　　④まんてん

Q.433 2012年(平成24年)に仙台で生まれた、新しいスタイルの戯曲賞は何といいますか。
　　　①劇都仙台戯曲賞　　②せんだい演劇・戯曲賞
　　　③sendai戯曲大賞　　④せんだい短編戯曲賞

Q.434 仙台フィルハーモニー管弦楽団は、定期演奏会、特別演奏会、依頼演奏会、音楽鑑賞教室等を含めて年間何回の公演を行いますか。
　　　①約80回　　②約100回　　③約120回　　④約150回

Q.435 1986年(昭和61年)に放送されたNHK朝の連続ドラマ「はね駒」で、主演の斉藤由貴演じた女性の職業は何でしたか。
　　　①新聞記者　　②小学校の教師　　③百貨店の店員　　④美容師

Q.436 井上ひさし原作の「青葉繁れる」がテレビドラマ化されたとき、ヒロインの若山ひろ子役を演じた女優は誰でしょうか。
　　　①篠ひろ子　　②吉永小百合　　③大原麗子　　④竹下景子

Q.437 NHK仙台放送局が東日本大震災復興応援キャンペーンで制作し、2016年(平成28年)に全国放送したテレビアニメのタイトルは何でしょうか。
　　　①想いのかけら　　②立上がる子ども達
　　　③震災に負けないで　　④震災を乗り越えて逞しく

Q.438 宮城県美術館には展示室だけでなく、庭園にも彫刻が設置されています。佐藤忠良記念館との間にある庭園の名前は何といいますか。
　　　①アーティストの庭園　　②彫刻の庭園
　　　③アリスの庭　　④青葉の庭園

正解と解説　☞　　　　　　　　　　　芸術・文化

A.429【正解④】
解説：1899年（明治32年）に発行した第一詩集

A.430【正解④】
解説：主演渡辺謙、愛姫役は桜田淳子。平均視聴率39.7%は歴代1位

A.431【正解②】
解説：東北放送ラジオ仙台として1952年（昭和22年）に1250Hz レジャーセンターの中に開局。テレビ放送開始は1959年（昭和24年）です。仙台放送1962年（昭和37年）、宮城テレビ1970年（昭和45年）、東日本放送1975年（昭和50年）にそれぞれ開局しました

A.432【正解③】
解説：主演が藤澤恵麻、母親役は片平なぎさ。2004年（平成16年）4月から放送。仙台で育ったヒロインが天職を探すため上京し、保育士として奮闘する物語です（NHKHPより）

A.433【正解④】
解説：せんだい短編戯曲賞は「短編であること」「日本各地の制作者/プロデューサーが選考すること」「最終候補作品が冊子としてまとめられること」の3つの特徴があります。劇作家が製作者、演出家、劇団などと出会うきっかけづくりを目的に行われています（仙台市HPより）

A.434【正解②】
解説：毎年100回を超える演奏会を実施しています

A.435【正解①】
解説：福島県相馬に育ったヒロインが仙台の女学校で英語を学び上京。新聞記者への道を開いていく物語で、女性新聞記者の草分けと言われた磯村春子がモデルです。夫役渡辺謙、母親役樹木希林

A.436【正解④】
解説：旧宮城二女校で井上ひさしと同学年であった若尾文子がモデルとされます

A.437【正解①】
解説：2015年（平成27年）に制作され、2分版、5分版、25分版の3種類があります。2016年（平成28年）4月16日にNHK総合テレビで全国放送されました

A.438【正解③】
解説：宮城県美術館は1981年（昭和56年）に開館。2016年（平成28年）度末で、6,761点を収蔵しています。前庭、中庭、北庭とあわせて4つの庭園があります（宮城県美術館HPより）

芸術・文化

雑学1000題　中級

Q.439 2015年（平成27年）に若林区荒井を舞台にした映画が制作されました。この映画の名前は何ですか。
　　①雨のたより　　　　　　②風のたより
　　③荒井からのおくりもの　④荒井の復興たより

Q.440 1981年（昭和56年）に歌手のさとう宗幸が、中学校教師役で主演したテレビドラマの題名は何といいますか。
　　①1年B組仙八先生　②2年B組仙七先生
　　③1年B組仙六先生　④2年B組仙八先生

Q.441 仙台市内は数多くの映画のロケ現場となっています。次の映画の中で仙台市内で撮影した映画はどれですか。
　　①「春との旅」(2010年〈平成22年〉公開)
　　②「エクレールお菓子放浪記」(2011年〈平成23年〉公開)
　　③「じんじん」(2013年〈平成25年〉公開)
　　④「ゴールデンスランバー」(2010年〈平成22年〉公開)

Q.442 仙台開府400年を記念して、仙台市で芸術文化の祭典として始まったイベントがあります。そのイベントはどれですか。
　　①仙台国際音楽コンクール　②仙台クラシックフェスティバル
　　③ジュニアオーオーケストラ　④杜の都の演劇祭ふたたび

Q.443 NHK仙台放送局が開局したのはいつでしょうか。
　　①1923年（大正12年・市営上水道給水開始）
　　②1928年（昭和3年・仙台市に長町、原町、七郷村南小泉を編入）
　　③1942年（昭和17年・市営バス営業開始）
　　④1956年（昭和31年・仙台市に生出村を編入）

Q.444 NHK仙台放送局が2013年（平成25年）に制作したテレビドラマ「かつお」は東北出身の俳優が多く出演しています。その中で、サンドウィッチマンは何の役で出演していますか。
　　①役場職員　　　　　　②巡査役
　　③震災で被災した住民　④ボランティア活動家

Q.445 仙台フィルハーモニー管弦楽団が音楽を担当し、2010年（平成22年）に日本アカデミー賞最優秀音楽賞を受賞した映画は何ですか。
　　①北の零年　　　②ゴールデンスランバー
　　③劔岳・点の記　④あなたへ

正解と解説　芸術・文化

A.439【正解②】
解説：主演は新木優子、祖父役で大杉連、2016年(平成28年)1月公開。震災で被災し休業していた祖父のカフェをみんなの力を借りて再開するドラマ

A.440【正解④】
解説：1981年(昭和56年)4月～1982年(昭和57年)3月、45話放送。さとう宗幸は国語教師伊達仙八郎役。共演は赤木春恵(校長)、宮崎美子(英語教師)、佐藤オリエ(数学教師)など

A.441【正解④】
解説：伊坂孝太郎原作、堺雅人主演。首相暗殺の濡れ衣を着せられ、巨大な陰謀に包囲されながら必死の逃走するエンターテイメント

A.442【正解①】
解説：仙台国際音楽コンクールは、2001年(平成13年)から若い音楽家を対象に、ヴァイオリンとピアノの2部門で3年毎に開催されます。仙台クラシックフェスティバルは2006年(平成18年)から。ジュニアオーケストラは1990年(平成2年)に結成。杜の都の演劇祭は2013年(平成25年度)にリニューアルされました

A.443【正解②】
解説：ラジオ放送開始1928年(昭和3年)6月16日、テレビ放送は1956年(昭和31年)3月21日からです(NHK仙台放送局HPより)

A.444【正解②】
解説：主演は大友康平、妻役鈴木京香

A.445【正解③】
解説：新田次郎原作「劔岳・点の記」主演 浅野忠信、共演は香川照之、中村トオル

芸術・文化

Q.446 2012年(平成24年)に亡くなった仙台市出身の菅原文太は、宮崎駿の作品に声優として出演しました。その映画はどれですか。
　　①もののけ姫　　　　②となりのトトロ
　　③風の谷のナウシカ　　④千と千尋の神隠し

Q.447 仙台フィルハーモニー管弦楽団の団員は約何人でしょうか(2018年〈平成30年〉3月現在)。
　　①約60人　②約80人　③約100人　④約120人

Q.448 仙台文学館では毎年「晩翠わかば賞」と「晩翠あおば賞」を募集しています。「晩翠あおば賞」の応募者はどの年代が対象でしょうか。
　　①中学生　②高校生　③一般　④65歳以上の高齢者

Q.449 仙台市出身の菅原文太が主演した作品を次の中から選びなさい。
　　①わたしのグランパ　②野良犬　③うなぎ　④兵隊やくざ

Q.450 歌手のさとう宗幸が「青葉城恋唄」で紅白歌合戦に初出場した年はいつですか。
　　①1971年(昭和46年・仙台港開港)
　　②1978年(昭和53年・宮城県沖地震発生)
　　③1983年(昭和58年・仙台西道路開通)
　　④1986年(昭和61年・第1回SENDAI光のページェント開催)

正解と解説　芸術・文化

A.446【正解④】
　解説：2001年（平成13年）公開「千と千尋の神隠し」に釜爺の声優として出演

A.447【正解②】
　解説：団員は概ね80人前後で構成されています（仙台フィルハーモニー管弦楽団HPより）

A.448【正解①】
　解説：わかば賞は小学生対象。仙台市が生んだ詩人土井晩翠を顕彰するため創設され、2019年で59回目を迎えました。両賞とも東北地方と仙台市の国内姉妹都市の小・中学生の詩・作品に対して贈られます

A.449【正解①】
　解説：筒井康隆の小説が原作。13年ぶりに再会した祖父と孫との交流を描いた作品。共演は石原さとみ

A.450【正解②】

人物

雑学1000題 中級

Q.451 仙台市名誉市民である槇有恒氏は何の分野で活躍した人でしょうか。
①柔道家　②登山家　③剣道家　④探検家

Q.452 仙台四郎が生きた年代はいつでしょうか。
①江戸時代末期～明治時代　②明治時代
③明治時代～大正時代　④大正時代～昭和初期

Q.453 東北大学医学部出身の作家で、芥川賞を受賞した北杜夫の本名は何といいますか。
①斎藤一郎　②斎藤杜夫　③斎藤新吉　④斎藤宗吉

Q.454 大槻文彦編纂の辞書はどれでしょうか。
①理科辞典「地学辞典」　②国語辞典「言海」
③英語辞典「和英辞典」　④漢和辞典「漢字辞典」

Q.455 東北福祉大学にある美術工芸館には、ある人物の名前が付いています。それは誰でしょうか。
①萩野浩基　②道元禅師　③芹沢銈介　④渡辺信英

Q.456 仙台市出身のコメディアンたこ八郎が、プロボクサー時代(当時の名前は斎藤清作)に取ったボクシングタイトルの階級はどれでしょうか。
①ライト級　②フライ級　③バンタム級　④フェザー級

Q.457 仙台市出身で20近い小惑星などを発見して、小惑星に「伊達政宗」、「常長」、「愛(めご)」等の名前をつけた天文学者は誰ですか。
①小石川正弘　②荒木飛呂彦　③大友克弘　④佐藤幸彦

Q.458 2014年(平成24年)第39期新人王を獲得した、仙台市出身で日本棋院八段(2019年〈平成31年〉3月現在)の若手棋士は誰でしょうか。
①伊田篤史　②本木克弥　③井山裕太　④一力遼

Q.459 青葉区台原の天神山に高山樗牛を偲ぶ土井晩翠の碑があります。碑がある場所はどこでしょうか。
①小松島公園　②台原森林公園　③瞑想の松　④与兵衛沼

Q.460 せんだいメディアテークの設計者伊東豊雄氏が受賞した、建築家に贈られる世界的に有名な賞はどれでしょうか。
①プリツカー賞　②サステナブル建築賞
③アーガー・ハーン建築賞　④レーニン賞

正解と解説　人物

A.451【正解②】
解説：元日本山岳会会長、第三次マナスル登山隊長

A.452【正解①】
解説：1855年(安政2年)頃～1902年(明治35年)の人で、文芸、漫画、音楽、演劇等で作品化されています

A.453【正解④】
解説：1960年(昭和35年)に第43回芥川賞を受賞。父は医師で歌人の斎藤茂吉

A.454【正解②】
解説：大槻文彦は仙台にゆかりが深く、宮城県尋常中学校(仙台一高)、宮城師範学校(現宮城教育大学)の校長を歴任した国語学者です

A.455【正解③】
解説：染色家芹沢銈介は1956年(昭和31年)に重要無形文化財「型絵染」技術保持者(人間国宝)に認定。銈介の長男長介(東北大学名誉教授)が、東北福祉大学で教鞭をとっていた縁で銈介のコレクションを寄贈し、1989年(平成元年)に開館。銈介の型染作品と生前に蒐集した世界各国の工芸コレクションを展示しています

A.456【正解②】
解説：1940年(昭和15年)に宮城野区生まれ。1962年(昭和37年)に日本フライ級王座を獲得。ボクサー引退後は、由利徹を師匠にコメディアンとして活躍し、また、映画「幸福の黄色いハンカチ」の中で高倉健との喧嘩シーンにも出演していました

A.457【正解①】
解説：自宅に望遠鏡を設置して発見しました。「西公園」「青葉山」等、仙台市の地名や縁のある人物の名前の小惑星があります

A.458【正解④】
解説：1997年(平成9年)生まれ。第25期(2016年)竜星戦において井山裕太棋聖に勝利し、竜星のタイトル獲得

A.459【正解③】
解説：高山樗牛は日本文芸評論家、思想家。明治30年代の言論を先導した人物です。土井晩翠は旧制二校の後輩であり親友でした

A.460【正解①】
解説：プリツカー賞は建築家の業績を称えて贈られる賞で、建築会のノーベル賞とも。サステナブル建築賞は環境負荷低減・省エネに優れた作品に贈られる賞、アーガー・ハーン建築賞はイスラム文化圏に建てられる建築・開発プロジェクトを表彰します。レーニン賞はソビエト連邦の最高国家賞の1つで、建築も対象となっていました

人　物

Q.461 仙台市の学術と産業等に貢献した、石巻市出身の富豪は誰ですか。
　　　①鹿股八郎兵衛　　②斎藤善右衛門　　③斎藤理助　　④八木久兵衛

Q.462 仙台市出身で宝塚歌劇団元雪組トップスターは次の4人の中で誰でしょうか。
　　　①涼風真世　　②仙名彩世　　③杜けあき　　④蓮つかさ

Q.463 井上ひさしの著書「青葉繁れる」のモデルとなった学校はどこですか。
　　　①仙台第一高等学校　　②仙台第二高等学校
　　　③宮城第一高等学校　　④仙台二華高等学校

Q.464 歌人の原阿佐緒は仙台市内の学校で教鞭をとり、校章の図案なども手がけました。教鞭をとった学校はどこですか。
　　　①東北学院大学　　　　　　②宮城学院女子大学
　　　③仙台白百合学園女子大学　　④尚絅学院大学

正解と解説 ☞　　　　　　　　　　　　　　　　　　人物

A.461【正解②】
解説：1923年（大正12年）に仙台市内に斎藤報恩会を発足して私財300万円を投じ、学術研究などに約30年間で1,477件の助成を行い、仙台市の発展に貢献しました。錦町公園に斎藤報恩会博物館がありました

A.462【正解③】
解説：1979年（昭和54年）入団、1988年（昭和63年）～1993年（平成5年）まで雪組のトップスター。芸名は当時の仙台市長島野武が命名したといわれています。涼風真世は石巻市出身、仙名彩世は名取市出身、蓮つかさは大崎市出身

A.463【正解①】
解説：仙台第一高等学校を舞台にした落ちこぼれ4人組の青春劇。井上ひさしの一高時代の経験がもとになっています

A.464【正解②】
解説：1909年（明治42年）21歳のときに宮城女学校（現宮城学院女子大学）の絵画教師に就任しました

行政

Q.465 仙台市が政令都市になったのは全国で何番目ですか。
　　　①5番目　　②7番目　　③9番目　　④11番目

Q.466 仙台市は2050年の人口推計を行いました。2050年の仙台市の推計人口は何人でしょうか。
　　　①107万3000人　　②103万人　　③96万6000人　　④89万1000人

Q.467 仙台市の市政100周年を記念してできた市歌は何と言う曲名でしょうか。
　　　①杜の都賛歌　　②風よ雲よ光よ　　③青葉の歌　　④せんだい市歌

Q.468 仙台市内にはダムが3か所あります。次の中で仙台市内に無いダムはどれですか。
　　　①釜房ダム　　②七北田ダム　　③青下ダム　　④大倉ダム

Q.469 仙台市内で火災の発生件数は年間で何件あるでしょうか（2008年〈平成20年〉〜2017年〈平成29年〉までの平均件数）。
　　　①約140件　　②約330件　　③約420件　　④約650件

Q.470 仙台市における高齢化率（65歳以上の人口割合）はどれぐらいでしょうか（2019年〈平成31年〉1月1日現在）。
　　　①約18％　　②約20％　　③約23％　　④約28％

Q.471 次の中で、仙台市が国内で姉妹都市の提携を結んでいる都市はどこですか。
　　　①鹿児島県千代市　　②愛媛県宇和島市
　　　③神奈川県平塚市　　④北海道余市町

Q.472 仙台市の魅力を発信するシティセールスを行うPRパーソンとして活躍する「せんだい・杜の都親善大使」はいつから始まりましたか。
　　　①1985年（昭和60年）　　②1999年（平成11年）
　　　③2004年（平成16年）　　④2010年（平成22年）

Q.473 仙台市の市鳥はどれですか。
　　　①白鳥　　②かも　　③カッコウ　　④すずめ

Q.474 仙台市は台湾の台南市と交流促進協定を締結しています。きっかけは何だったでしょうか。
　　　①仙台七夕まつり
　　　②どんと祭
　　　③SENDAI光のページェント
　　　④定禅寺ストリートジャズフェステバルin仙台

正 解 と 解 説 ☞ ……………… 行 政

A.465【正解④】

A.466【正解③】
解説：①は2030年、②は2045年、④は2060年の推計人口です（仙台市HPより）

A.467【正解②】
解説：市政100周年、政令指定都市移行を記念して河北新報社が歌詞を公募し作成、仙台市に寄贈しました。作詞佐藤久美、補作詞宗左近、作曲・編曲服部克久、歌唱ダ・カーポで、EP盤で発売されました

A.468【正解①】
解説：釜房ダムは川崎町にある名取川水系です

A.469【正解②】
解説：2016年（平成28年）は過去10年で最低の250件でしたが、2017年（平成29年）は280件に増加しました

A.470【正解③】
解説：2019年（平成31年）1月1日現在の仙台市の総人口（住民基本台帳人口）は106万2,585人、65歳以上の人口24万9,584人で23.49%（宮城県HPより）

A.471【正解②】
解説：伊達政宗公の長子秀宗公が藩祖となった歴史的つながりで締結しました。その他に長野県中野市、大分県竹田市、徳島市、北海道白老町と締結しています

A.472【正解③】
解説：せんだい・杜の都親善大使は観光プロモーション事業や交流行事などのイベントに参加して、仙台の魅力を国内外に発信しています（仙台商工会議所広報誌「飛翔」より）

A.473【正解③】

A.474【正解①】
解説：仙台七夕を縁に市民レベルでの相互交流が行われていたことがきっかけとなりました

行政

Q.475 仙台市が杜の都といわれる由縁はどれでしょうか。
　　①定禅寺通、青葉通等のケヤキ並木に由来する
　　②仙台城が青葉城ともいわれるように緑豊かな都市であることに由来する
　　③政宗公が家臣の屋敷に栗・柿・梅等の樹木を植えて飢饉に備えさせた伝統に由来する
　　④仙台の市街地近郊に多くの公園や緑地が保存されていることに由来する

Q.476 仙台市は「100万本の森づくり」推進の一環として人生の節目に記念樹をプレゼントしています。賀寿で申込み出来ないのはどれですか。
　　①還暦(60歳)　　②古希(70歳)　　③喜寿(77歳)
　　④米寿(88歳)　　⑤卒寿(90歳)

Q.477 台原森林公園は何を記念して造った公園でしょうか。
　　①明治100年を記念して
　　②市の健康都市宣言記念して
　　③地下鉄南北線旭ヶ丘駅の開設を記念して
　　④市政50周年を記念して

Q.478 仙台市では高齢者(65歳～70歳)への住民サービスとして、いろいろなサービス事業を行っています。次の中で1つだけ実施していない事業はどれですか(要介護者は別途に色々なサービス事業があるので除きます)。
　　①高齢者理美容補助事業　　②敬老乗車証交付事業
　　③豊齢カード交付事業　　　④シルバー入浴補助事業

Q.479 仙台市はアマチュアスポーツで優秀な成績をあげた個人・団体に対して栄誉を称えて顕彰する制度があります。その中で特別な功績があると認めた競技者に送る賞はどれですか。
　　①仙台市スポーツ栄光賞　　②仙台市スポーツ大賞
　　③仙台市スポーツ優秀賞　　④仙台市スポーツ奨励賞

Q.480 仙台市は敬老の日に敬老祝金を市民に贈っています。対象となる年齢は何歳でしょうか(100歳の紀寿は除きます)。
　　①70歳(古希)　　②77歳(喜寿)　　③88歳(米寿)　　④90歳(卒寿)

正 解 と 解 説 ☞ ・・・・・・・・・・・・・・・・・・・・・・ 行 政

A.475【正解③】(仙台市HPより)

A.476【正解⑤】
解説：伝統ある「杜の都」の風土を生かし、市民・行政が協働して「みどりと共生する都市」を創造し、未来に継承していく取り組みです。誕生、小学校入学、結婚、銀婚、金婚、賀寿、住宅(新築)の購入の慶びの記念に申し込むことができます(公益財団法人仙台市公園緑地協会HPより)

A.477【正解①】
解説：明治百年記念事業の指定を受け、1973年(昭和48年)に開園。県民の森も同様にして開園しました

A.478【正解①】
解説：高齢者理美容補助事業は、介護保険要介護3～5の認定の介護条件がつく要介護者へのサービスです

A.479【正解②】
解説：1998年(平成10年)にできた制度で「仙台市スポーツ賞顕彰要綱」で詳しく定めています。2019年(平成31年)2月までに個人(羽生結弦・松山英樹等)で9名、団体で5団体が受賞しています(仙台市HPより)

A.480【正解③】
解説：88歳(米寿)で祝金1万円、100歳(紀寿)で祝金5万円が仙台市より贈られます(仙台市HPより)

行政

雑学1000題 中級

Q.481 仙台市の現庁舎が完成した年はいつですか。
① 1957年（昭和32年・鳴子ダム完成）
② 1965年（昭和40年・レンヌ市と姉妹都市提携）
③ 1975年（昭和50年・宇和島市と歴史姉妹都市提携）
④ 1980年（昭和55年・仙台沖縄間航空路開設）

Q.482 仙台市が政令指定都市になったのは何年ですか。
① 1981年4月（昭和56年・戦災復興記念館開館）
② 1986年4月（昭和61年・新博物館開館）
③ 1989年4月（平成元年・市政100周年）
④ 1994年9月（平成6年・仙台市福祉プラザ開館）

Q.483 平成29年度に仙台市は祖父母手帳を発行しましたが、何のためでしょうか。
① 認知症予防　② 孫育て　③ 健康管理　④ 振込み詐欺防止

Q.484 仙台市は海外の都市と協定を結んでいます。2019年（平成31年）3月現在、最も新しく締結したのはどこですか。
① 韓国の光州市　　　② 台湾の台南市
③ フィンランドのオウル市　④ アメリカのダラス市

Q.485 平成30年度の仙台市の一般行政職の平均給与月額はいくらでしょうか。
① 約30万円　② 約34万円　③ 約44万円　④ 約48万円

Q.486 仙台市は国家戦略特別区域（以下特区という）の指定を受けていろいろな事業を展開中です。仙台市が受けた特区は何次指定ですか。
① 一次指定　② 二次指定　③ 三次指定　④ 四次指定

Q.487 仙台市の総世帯数は、2019年（平成31年）3月1日現在で何世帯でしょうか。
① 48万3,515世帯　② 51万4,813世帯
③ 55万1,419世帯　④ 57万2,118世帯

Q.488 平成29年度末決算で市債（市の借金）の残高はいくらでしょうか。
① 約5,600億円　② 約6,600億円
③ 約7,600億円　④ 約8,500億円

正解と解説　　　　　　　　　　行政

A.481【正解②】
解説：1965年(昭和40年)10月31日に完成。総工事費16億円、将来の100万人都市を目指して設計されました

A.482【正解③】

A.483【正解②】
解説：時代とともに変化する育児方法や考え方の、今と昔のギャップを埋めるのに役立ちます。子ども未来局子供保健福祉課が発行し、無料で配布しています

A.484【正解②】
解説：ダラス市1997年(平成9年)、光州市2002年(平成14年)、台南市2006年(平成18年)、オウル市2005年(平成17年)とそれぞれ締結しました

A.485【正解③】
解説：給与には、地域手当、扶養手当、通勤手当、住居手当、時間外手当、特別調整額等が加算されます。平成30年度一般行政職の平均給与月額は44万645円、平均年齢は42.2歳です(仙台市HPより)

A.486【正解②】
解説：仙台市は2015年(平成27年)8月28日に二次指定を受けました

A.487【正解②】
解説：2019年(平成31年)3月1日現在の推計人口は108万8,673人(男性52万9,702人、女性55万8,971人)で、1世帯あたり2.11人となります

A.488【正解④】
解説：平成29年度の決算によると、市債残高総額は8,476億円で、人口108万人で換算すると市民1人あたり約78万5,000円となります(市政だより2018年11月1日号より)

行政

Q.489 仙台市が指定を受けている特区の目的は何ですか。
①観光客を誘致する目的で民泊制度を推進するため
②都市部の道路等を整備して渋滞緩和を推進するため
③障害者・高齢者にやさしいバリアフリーを推進するため
④女性、若者、シニアが主導するソーシャル・イノベーションを推進するため

Q.490 仙台市の市章は何を意味していますか。
①100万都市目指して　②三ツ引両紋と「仙」の文字
③3郡合併　　　　　　④仙台市内を流れる3つの川

Q.491 2016年(平成28年)にサミットが日本で開催された際に、仙台市ではG7財務大臣・中央銀行総裁会議が秋保温泉で開催されました。次の中で開催会場となったホテルはどこですか。
①秋保グランドホテル　②ホテル佐勘
③ホテルクレセント　　④ホテルニュー水戸屋

Q.492 2015年(平成27年)度の仙台市の市内総生産額はいくらでしょうか。
①約3兆800億円　②約4兆1,000億円
③約5兆600億円　④約6兆300億円

Q.493 仙台市の第1回の市長及び市議会議長選挙が1889年(明治22年)に行われました。その時の選挙方法で正しいのはどれですか。
①仙台市民の20歳以上男子のみによる選挙　②士族のみによる選挙
③高額納税者のみによる選挙　　　　　　　④議員のみによる選挙

Q.494 仙台市は「彫刻のあるまちづくり」事業で市内の公園等に彫刻をモニュメントとして配置しています。全部で何か所ありますか。
①14か所　②18か所　③24か所　④30か所

Q.495 仙台国際センターはコンベンションの中核施設ですが、特に会議棟の大ホールは数か国語が同時通訳が可能な設備が完備されています。何か国語の同時通訳が可能ですか。
①4か国語　②5か国語　③6か国語　④7か国語

正解と解説 ☞ ・・・・・・・・・・・・・・・・・・・ 行政

A.489【正解④】
解説：「女性活躍・社会起業のための改革拠点」である仙台市は、主に「社会起業」、「女性活躍」、「近未来技術実証」、「医療」、「公共空間利活用」に関する規制改革の取り組みを進めています（仙台市HPより）

A.490【正解②】
解説：三ツ引両紋（堅引両）から考察し、「仙」の文字を図案化したものです。三ツ引両紋は伊達家の家紋の1つで、伊達家始祖伊達朝宗が、源頼朝より賜った由緒ある家紋です

A.491【正解②】
解説：ホテル佐勘を主会場に、主要7か国と国際機関から約400人が参加しました

A.492【正解③】
解説：市内総生産額とは、市内の生産活動により生み出された付加価値の総額で、国のGDPにあたります。2015年（平成27年）度の仙台市総生産学は5兆577億円です

A.493【正解④】
解説：有権者（高額納税者）約3,500名の選挙で選ばれた、議員36名による市長選挙が第1回市会で行われ、初代市長には遠藤庸治が、初代議長には村松亀一郎が選ばれました（市史通信No.14より）

A.494【正解①】
解説：台原森林公園、定禅寺通緑地、榴岡公園、野草園（大年寺山公園）、西公園、青葉山公園、匂当台公園、南北線長町駅広場、七北田公園、仙台市農業園芸センター、若林区ふるさと広場、泉区役所前ふれあい広場、葛岡墓園正面プロムナード、中田中央公園

A.495【正解③】

行政

Q.496 仙台市では行政サービスの一環で敬老乗車証(一般用)を発売しています。敬老乗車証交付に関する条件で正しいのはどれですか。
①チャージの上限が15万円まで可能
②チャージは1,000円単位で可能
③交付対象年齢は65歳以上
④2万円チャージで1年間乗り放題

Q.497 仙台市は「仙台市歩行喫煙等の防止に関する条例」を定めました。次のうち許される行為はどれでしょうか。
①タバコを喫煙しながら歩行すること
②灰皿等が完備している場所で喫煙すること
③自転車・バイク等で喫煙しながら走行すること
④歩行喫煙防止区域で喫煙したタバコを携帯灰皿で処理すること

Q.498 2015年(平成27年)の国勢調査で、仙台市の昼間人口は常住人口とどのくらい差があるでしょうか。
①約2万5,000人増　②約3万8,000人増
③約5万5,000人増　④約6万6,000人増

正 解 と 解 説 ▶☞ ……………………… 行 政

A.496【正解②】
解説：一般敬老者乗車証の利用者負担金は10%（100円）、チャージは1,000円単位で最大12万円までです。70歳以上が対象

A.497【正解②】
解説：2015年（平成27年）に仙台市の条例として制定され、2016年（平成28年）4月1日施行されました。あわせて歩行禁煙防止重点区域も定められました（仙台市HPより）

A.498【正解④】
解説：2015年（平成27年）の国勢調査の結果、昼間人口114万8,389人、常住人口108万2,159人で、流入超過人口が6万6,230人となります

教育

Q.499 仙台市内で最も児童数の多いマンモス小学校はどこでしょうか(2018年〈平成30年〉5月1日現在)。
　　　①錦ヶ丘小学校　②岩切小学校　③新田小学校　④七郷小学校

Q.500 仙台市内で唯一残る木造校舎の小学校はどこでしょうか。
　　　①生出小学校　②根白石小学校　③大倉小学校　④作並小学校

Q.501 仙台市内には大学・短期大学が国立、公立、私立をあわせて何校ありますか(2018年〈平成30年〉5月1日現在)。
　　　①11校　②13校　③15校　④17校

Q.502 2019年(平成31年)3月現在、東北大学には学部はいくつありますか(大学院は含みません)。
　　　①8学部　②10学部　③12学部　④14学部

Q.503 仙台市内には国立、公立、私立あわせて、小学校(分校を含む)が何校ありますか(2018年〈平成30年〉5月1日現在)。
　　　①95校　②117校　③134校　④156校

Q.504 東北大学で日本文学と日本文化で教鞭をとったドナルド・キーンはどこの国の出身ですか。
　　　①アメリカ　②カナダ　③イギリス　④ロシア

Q.505 仙台文学館の初代館長は誰ですか。
　　　①瀬名秀明　②熊谷達也　③佐伯一麦　④井上ひさし

Q.506 仙台市文学館の開館はいつですか。
　　　①1980年(昭和55年)　②1985年(昭和60年)
　　　③1993年(平成5年)　④1999年(平成11年)

Q.507 宮城教育大学の附属校にないのはどれですか。
　　　①附属幼稚園　②附属小学校　③附属中学校
　　　④附属高等学校　⑤附属特別支援学校

Q.508 2019年(平成31年)3月現在、東北学院大学には学部はいくつあるでしょうか(大学院は含みません)。
　　　①4学部　②5学部　③6学部　④7学部

正解と解説 ☞ ……………………… 教育

A.499【正解②】
解説：錦ヶ丘小学校1,081人、岩切小学校1,169人、新田小学校1,142人、七郷小学校1,117人(仙台市HPより)

A.500【正解②】
解説：1873年(明治6年)に開校。校舎は1930年(昭和5年)に建てられたものです

A.501【正解③】
解説：大学11校、短大4校。宮城大学は大和町ですが、食品産業学群が太白区にあります

A.502【正解②】
解説：文学部、教育学部、法学部、経済学部、理学部、医学部、歯学部、薬学部、工学部、農学部の10学部

A.503【正解③】
解説：国立1校、市立129校、私立4校(仙台市HPより)

A.504【正解①】
解説：アメリカ合衆国のコロンビア大学から、1978年(昭和53年)東北大学文学部特別招聘教授に就任。1997年(平成9年)に名誉博士号が授与されました。東日本大震災後に日本永住を決意し来日、2012年(平成24年)に日本国籍を取得しました。2019年(平成31年)2月死去

A.505【正解④】

A.506【正解④】
解説：徳陽シティ銀行研修所跡地に開館しました。平成29年度の来場者は6万2,264名(仙台市文化事業団HP)

A.507【正解④】
解説：附属特別支援学校には高等部があります

A.508【正解③】
解説：文学部、経済学部、経営学部、法学部、工学部、教養学部の6学部

教育

Q.509 仙台市では小学校の分校制度が維持されています。現在も児童が学んでいる分校はどこですか(2018年〈平成30年〉5月1日現在)。
　　①生出小学校赤石分校
　　②作並小学校新川分校
　　③東北大学病院分校小学校

Q.510 2018年(平成30年)4月30日現在、仙台に留学している学生(大学・短大・高専・専修学校等)は何人でしょうか。
　　①約2,400人　②約3,000人　③約3,900人　④約4,300人

Q.511 仙台市の移動図書館号は何冊の蔵書を積み込んで地域を巡回していますか。
　　①約2,500冊　②約3,500冊　③約4,500冊　④約5,500冊

Q.512 新島襄が仙台に設立し、初代校長を兼務した同志社の分校を何といいますか。
　　①宮城英学校　　　②宮城同志社校
　　③仙台白百合英学校　④宮城学院高等女学校

Q.513 宮城県図書館は開館時は勾当台にありました。開館したのはいつでしょうか。
　　①1881年(明治14年)　②1904年(明治37年)
　　②1911年(明治44年)　④1917年(大正6年)

Q.514 土井晩翠は1900年(明治33年)に第二高等学校の教授に就任しました。何の科目を教えていましたか。
　　①英語　②国語　③社会　④数学

Q.515 東北大学工学部出身で2002年(平成14年)にノーベル化学賞を受賞したのは誰でしょうか。
　　①下村脩　②鈴木章　③田中耕一　④野依良治

Q.516 東北大学青葉山キャンパス「自動車の過去・未来館」にクラシックカーが2台展示されています。どこのメーカーのものでしょうか。
　　①アメリカのフォード社　　　②イギリスのロールスロイス社
　　③ドイツのフォルクスワーゲン社　④日本のトヨタ社

正解と解説 ･･････････････ 教育

A.509 【正解③】
解説：赤石分校は2015年（平成27年）に生出小と統合、新川分校は2012年（平成24年）休校。2018年（平成30年）5月1日現在、東北大学病院分校で3名の児童が学んでいます

A.510 【正解④】
解説：男性2,596人　女性1,674人　総数4,270人（仙台市HPより）

A.511 【正解②】
解説：約3,500冊の蔵書を積み込んで市内巡回しています

A.512 【正解①】
解説：1886年（明治19年）に富田鉄之助等の協力により、宮城英学校を設立しました（翌年東華学校に改称）。1892年（明治25年）廃校。生徒や学校設備は宮城県立第一中学校（仙台一校）へ編入し、1904年（明治37年）に東華学校の校舎と、名称及び新島の教育理念を引き継いだ東華女学校（旧宮城県第二女子高等学校、現在の仙台二華中学校・高等学校）が開校しました（同志社校友会宮城支部HPより）

A.513 【正解①】
解説：1881年（明治14年）宮城書籍館（みやぎしょじゃくかん）として、勾当台（現在の勾当台公園）に開館。開館時の蔵書数は1万7,682冊。1968年（昭和43年）に榴岡に移転。1998年（平成10年）に泉区紫山に移転しました

A.514 【正解①】
解説：1901年（明治34年）～1904年（明治37年）英・仏・独へ留学。1905年（明治38年）復職、1934年（昭和9年）の退官まで英語教授を勤めました

A.515 【正解③】
解説：2002年（平成14年）に「生体高分子の同定及び解析構造のための手法開発」でノーベル化学賞を受賞。1959年（昭和34年）生まれの富山県出身

A.516 【正解①】
解説：2台ともフォード社の1926年製のT型と1931年製のA型です

交通・地理・地名

Q.517 仙台市内を通る国道は何路線ありますか。
　　　①4路線　　②5路線　　③6路線　　④7路線

Q.518 仙台市内にあるインターチェンジ、スマートICを含めた高速道路の出入り口は何か所ですか。
　　　①5か所　　②8か所　　③10か所　　④13か所

Q.519 作並温泉にある「湯の駅」の名前は何と言いますか。
　　　①上品の郷　　②ラサンタ　　③林林館　　④あ・ら・伊達な道の駅

Q.520 仙台市電の開通と全線廃止の組合せで正しいのはどれですか。
　　　①1921年（大正10年）開通、1966年（昭和41年）廃止
　　　②1916年（大正5年）開通、1970年（昭和45年）廃止
　　　③1926年（大正15年）開通、1976年（昭和51年）廃止
　　　④1930年（昭和5年）開通、1980年（昭和55年）廃止

Q.521 地下鉄南北線の開通は何年でしょうか。
　　　①1985年（昭和60年）　　②1987年（昭和62年）
　　　③1991年（平成3年）　　④1994年（平成6年）

Q.522 仙台市内の観光スポットを廻るには、「るーぷる仙台」が便利です。「るーぷる仙台」は仙台駅前を起点としていますが、仙台駅前も含めて停留所は何か所ですか。
　　　①10か所　　②13か所　　③16か所　　④19か所

Q.523 仙台国際空港を発着する国際線（臨時便・チャーター便は除く）は何路線ありますか（2018年〈平成30年〉11月末現在）。
　　　①4路線　　②5路線　　③6路線　　④7路線

Q.524 2018年（平成30年）11月現在、仙台空港に乗入れている国内航空会社は何社ですか。
　　　①5航空会社　　②6航空会社　　③7航空会社　　④8航空会社

Q.525 仙台市営地下鉄のシンボルカラーは何色でしょうか。
　　　①紺青色　　②緑色　　③青色　　④黄色

Q.526 仙台市営地下鉄東西線で開業時にバスプールがある駅は、仙台駅を含め何駅ありましたか。
　　　①3駅　　②4駅　　③5駅　　④6駅

正 解 と 解 説 ☞ ……………交通・地理・地名

A.517【正解②】
解説：国道4号（東京～青森）、45号（仙台～青森）、48号（仙台～山形）、286号（仙台～山形）、457号（一関～白石）

A.518【正解③】
解説：東北道4か所、仙台南部道路3か所、仙台東部道路3か所

A.519【正解②】
解説：正式名称「湯のまち作並観光交流館ラサンタ」。ラサンタはスコットランド語

A.520【正解③】
解説：約50年間市民の足として活躍しました。戦時中は男性運転手が不足して女性運転手が誕生ましした（仙台市電資料室より）

A.521【正解②】
解説：1987年（昭和62年）7月15日に八乙女～富沢間開通（延長13.59km）。公営地下鉄では全国で9番目に開通しました

A.522【正解③】
解説：仙台駅前、青葉通一番町、晩翠草堂前、瑞宝殿前、博物館・国際センター前、仙台城跡、青葉山植物園西、青葉山駅、理学部自然史標本館前、国際センター・宮城県美術館前、交通公園・三居沢水力発電所前、大崎八幡宮前、二高・宮城県美術館前、メディアテーク前、定禅寺通市役所前、地下鉄広瀬通駅に専用の停留所があります

A.523【正解①】
解説：ソウル、北京、上海、台北の4路線（以前はホノルル線グアム線等が就航していました（仙台国際空港HPより）

A.524【正解③】
解説：日本航空、全日空、スカイマークエアライン、ピーチアビエーション、アイベックスエアラインズ、AIR DO、フジドリームエアラインズ

A.525【正解①】（仙台市HPより）

A.526【正解②】
解説：利用者の利便性を考慮して新井駅、薬師堂駅、八木山動物公園駅にバスプールが設置されました

交通・地理・地名

雑学1000題 中級

Q.527 仙台市と山形市を結ぶ「仙山線」の全線開通はいつごろでしょうか。
①1889年（明治22年・第日本帝国憲法発布）
②1928年（昭和3年・NHK仙台放送局でラジオ放送が始まる）
③1937年（昭和12年・日中戦争始まる）
④1949年（昭和24年・湯川秀樹が日本人初のノーベル賞を受賞）

Q.528 自動車の仙台ナンバーが登録開始されたのはいつですか。
①2000年（平成12年）10月10日
②2002年（平成14年）11月30日
③2004年（平成16年）11月30日
④2006年（平成18年）10月10日

Q.529 仙台市営地下鉄東西線の開業日はいつですか。
①2013年（平成25年）12月6日
②2014年（平成26年）12月6日
③2015年（平成27年）12月6日
④2016年（平成28年）12月6日

Q.530 仙台市街を囲むような形で、リング状に形成された自動車専用道路網の愛称はなんと言いますか。
①仙台外環道路　②ぐるっ都・仙台
③仙都環状道路　④仙二外郭環状道路

Q.531 2019年（平成31年）3月末現在、仙台国際空港を発着する国内線（臨時便・チャーター便は除く）は何路線ありますか（大阪は2つに数えます）。
①7路線　②9路線　③11路線　④13路線

Q.532 仙台市営地下鉄東西線の開業時のキーワードが2つありますが、何と何でしたか。
①時短（ジタン）　②十文字（ジュウモンジ）
③利便（リベン）　④東西南北（トウザイナンボク）
⑤楽乗（ラクノリ）

Q.533 仙台市営地下鉄の1日当たりの乗降客数は何人でしょうか（平成29年度の集計）。
①約18万人　②約20万人　③約23万人　④約26万人

Q.534 仙台市営地下鉄仙台駅の東西線ホームは地下何階にありますか。
①地下1階　②地下2階　③地下3階　④地下4階

正解と解説 ☞　・・・・・・・・・・・・・・・・・交通・地理・地名

A.527【正解③】
解説：1929年（昭和4年）仙台～愛子間が開業し、1937年（昭和12年）に全線開通しました

A.528【正解③】
解説：2004年（平成18年）10月10日ご当地ナンバーとして仙台ナンバーができました

A.529【正解③】
解説：1998年（平成10年）に東西線のルートを発表、2000年（平成12年）に正式決定しました。2007年（平成9年）本体工事着工。工事期間約8年を要しました

A.530【正解②】
解説：仙台市内を囲むようにリング状に形成された自動車専用道路の5路線が、2010年（平成22年）に全部つながりました。延長は約60km。名前はシンポジウムの中で応募者からの提案で決まりました。正式名称「仙台都市圏高速環状ネットワーク」

A.531【正解③】
解説：新千歳空港（札幌）、中部国際セントレア空港（名古屋）、成田国際空港、大阪国際空港（伊丹）、関西国際空港、小松空港、神戸空港、出雲空港、広島空港、福岡空港、那覇空港（沖縄）（仙台国際空港HPより）

A.532【正解①と⑤】
解説："時短"は東西線の八木山動物公園駅から荒井駅間は25分、南北線のどの駅までも35分で移動可能であること、運行時間が早朝から深夜まで、雨や雪など影響を受けず渋滞もありません。"楽乗"は仙台駅では東西線と南北線の乗り換えは改札を通りません。八木山動物公園駅、薬師堂駅、荒井駅にバスプールがあり、タクシー、自家用車等の乗り換えも便利

A.533【正解④】
解説：2017年（平成29年）度総乗降客数は26万4,229人（南北線19万3,199人、東西線7万1,030人）（仙台市HPより）

A.534【正解④】
解説：地下1階と2階は自由通路、地下3階は南北線のホーム

交通・地理・地名

雑学1000題 中級

Q.535 東北本線を跨いで仙台駅の東口と西口をつなぐ通称X橋が2017年(平成29年)に新しい橋に架け変わりました。新しい橋の名前はなんと言いますか。
①新X橋　②宮城野橋　③青葉橋　④東西橋

Q.536 仙台空港には滑走路が2本あります。長い方の滑走路は何mでしょうか。
①1,200m　②2,000m　③2,600m　④3,000m

Q.537 地下鉄東西線はバリアフリーが整備されて利用者が安心して利用できるようになっています。次のうち整備されていないものは何でしょうか。
①全駅にエレベーター、エスカレターが完備
②改札口が広く車椅子等はらくらく通過可能
③車いすスペースを各車両に1か所配置
④車椅子を全駅に設置

Q.538 仙台港に太平洋フェリーが就航したのはいつですか。
①1970年(昭和45年・仙台卸商団地完成)
②1973年(昭和48年・市民図書館開館)
③1985年(昭和60年・東北新幹線上野乗り入れ)
④2005年(平成17年・フィンランドオウル市と産業振興協定締結)

Q.539 平成29年度の統計で、JR東日本管内の駅で1日の乗降者数は、1位新宿駅、2位池袋駅、3位東京駅です。仙台駅は何位でしょうか。
①19位　②29位　③39位　④49位

Q.540 仙台港からカーフェリーが2つの地域に発着しています。一方は苫小牧港ですが、もう一方はどこでしょうか。
①八戸港　②横浜港　③神戸港　④名古屋港

Q.541 平成29年度の仙台空港の国際線の利用者数(乗降客数の合計)は何人でしょうか。
①約11万1,000人　②約17万8,000人
③約22万5,000人　④約28万1,000人

Q.542 仙台港の開港はいつですか。
①1964年(昭和39年)　②1971年(昭和46年)
③1981年(昭和56年)　④1990年(平成2年)

正 解 と 解 説 ☞　　　　　　　　　・交通・地理・地名

A.535【正解②】

A.536【正解④】
解説：短いほうのA滑走路は1,200mです

A.537【正解④】
解説：この他、多機能トイレが各駅にあります

A.538【正解②】
解説：太平洋フェリーは名古屋市に本社を置く海運会社で、名鉄グループ

A.539【正解④】
解説：平成28年度の50位から49位になりました（JR東日本HPより）

A.540【正解④】

A.541【正解④】（宮城県HPより）

A.542【正解②】
解説：仙台港は、1964年（昭和39年）3月に新事業都市「仙台湾地区」の指定を受けて、1971年（昭和46年）7月に開港しました（国土交通省東北地方整備局HPより）

交通・地理・地名

雑学1000題 中級

Q.543 仙台空港の開港はいつでしょうか。
①1950年(昭和25年・宮城球場開場)
②1957年(昭和32年・リバサイド市と姉妹都市提携)
③1966年(昭和41年・仙台バイパス供用開始)
④1974年(昭和49年・広瀬川の清流を守る条例制定)

Q.544 1914年(大正3年)に開業した秋保電鉄は、長町から秋保温泉までをつなぐ鉄道でしたが、1961年(昭和36年)に廃止されました。長町から秋保温泉まで何駅ありましたか。
①7駅　②9駅　③11駅　④13駅

Q.545 東北本線の仙台駅の開業はいつでしょうか。
①1887年(明治20年・旧制第二高等学校が創立)
②1897年(明治30年・河北新報創刊)
③1907年(明治40年・東北帝国大学創立)
④1916年(大正5年・夏目漱石死去)

Q.546 仙台市役所付近の標高は海抜何mでしょうか。
①28.7m　②37.2m　③45.8m　④51.8m

Q.547 東北六県の県庁所在地のうちで仙台市の面積は何番目の広さでしょうか。
①1位　②2位　③3位　④4位

Q.548 仙台市と隣接している県内の市町村はいくつあるでしょうか。
①6市町村　②7市町村　③8市町村　④9市町村

Q.549 仙台市～山形県天童市を結ぶ国道48号線は通称何といいますか。
①愛子街道　②山形街道　③作並街道　④秋保街道

Q.550 国道48号線が奥羽山脈を超える峠がありますが、その峠の名前は何ですか。
①作並峠　②東根峠　③山形峠　④関山峠

Q.551 次の海外の都市で仙台より緯度が南(赤道に近い)にある都市はどこですか。
①北京　②ワシントンD.C.　③ソウル　④ローマ

Q.552 2019年現在、日本で一番低い山が蒲生干潟にあります。その山の名前は何といいますか。
①七北田山　②蒲生山　③日和山　④仙台山

正解と解説　☞　　　……………交通・地理・地名

A.543【正解②】

A.544【正解③】
解説：長町、西多賀、鈎取、月ヶ丘、旗立、太白山、萩ノ台、茂庭、北赤石、磊々峡、秋保温泉

A.545【正解①】
解説：1887年(明治20年)に上野から仙台まで開通しました

A.546【正解③】
解説：海抜45.8m、県庁の海抜は47.4m(仙台市HPより)

A.547【正解④】
解説：1位が秋田市906.07k㎡、最下位は山形市381.54k㎡。
青森市842.61k㎡、盛岡市886.47k㎡、仙台市786.30k㎡、福島市767.72k㎡

A.548【正解③】
解説：名取市、大和町、富谷市、利府町、多賀城市、色麻町、川崎町、村田町(国土地理院HPより)

A.549【正解③】

A.550【正解④】
解説：関山峠の名前の由来は不明です。1882年(明治15年)に関山峠を貫通する隧道が通ることで、それまでの笹谷、二口の両街道に変わって、仙台・山形間を結ぶ交通路として整備されました。現在の関山トンネルは昭和43年に出来ました。トンネルの延長は890m

A.551【正解③】
解説：北京は北緯39°54′27″、ワシントンDC38°51′42″、ソウル37°33′57″、ローマ41°35′35″。仙台市が38°16′05″なので、4都市の中ではソウルが仙台より南にあります

A.552【正解③】
解説：東日本大震災の津波で山頂が削られて日本で一番低い山になりました。それまでは大阪市にある天保山が日本一低い山でした

交通・地理・地名

雑学1000題　中級

Q.553 仙台市の海の玄関口である仙台港区（塩釜港を含む）から平成29年度輸出総額はいくらでしょうか。
　　　①約1,000億円　　②約1,900億円
　　　③約2,600億円　　④約3,800億円

Q.554 青葉通から大町を経由して仙台城に行く時に渡る、広瀬川に架かっている橋の名前は何といいますか。
　　　①大橋　②愛宕橋　③仲の瀬橋　④霊屋橋

Q.555 仙台駅方面から一番町に繋がるアーケード街の正しい順番はどれでしょうか。
　　　①クリスロード・ハピナ名掛丁・マーブルロードおおまち
　　　②マーブルロードおおまち・ハピナ名掛丁・クリスロード
　　　③ハピナ名掛丁・マーブルロードおおまち・クリスロード
　　　④ハピナ名掛丁・クリスロード・マーブルロードおおまち

Q.556 仙台平野の農村風景で見られる「居久根」の意味は次のうちどれですか。
　　　①農家の宅地の北西を囲むように植えられた樹木
　　　②農家の周りに見られる物置や小屋等がある宅地
　　　③広い敷地に色々な樹木が植えられた庭園
　　　④田園の中に農家の住宅だけが建てられている風景

Q.557 仙台市街地を構成する地形を何と言いますか。
　　　①扇状地地形　②三角州地形　③段丘地形　④自然堤防地形

Q.558 仙台城本丸付近の標高は海抜mでしょうか。
　　　①102m　②118m　③133m　④147m

Q.559 気象予報では仙台市域を西部地域と東部地域に分けていますが、西部と東部の境界で正しいのはどれですか。
　　　①東北自動車道より東は東部、西は西部地域
　　　②地域に関係なく標高100m以下を東部
　　　③青葉区の旧宮城町、太白区の旧秋保町、泉区の旧根白石村を西部
　　　④泉区全域、青葉区旧宮城町、太白区旧秋保町を西部

Q.560 宮城野区宮千代の地名の由来について最も適切と思われるものはどれですか。
　　　①宮千代という稚児が歌を詠んだが、下の句を続けられず病死した場所
　　　②宮千代という名の俳人が句を読んだ所
　　　③宮千代という美人の俳人が住んでいた所
　　　④宮城野原に豪商の千代（せんだい）屋敷があったことから

正解と解説 ☞ ・・・・・・・・・・・・・・・・・交通・地理・地名

A.553【正解③】
解説：輸出総額2,593億円、輸入総額約5,476億円(仙台市HPより)

A.554【正解①】
解説：仙台城築城に際して1601年(慶長6年)に架けられた橋で、現在の橋は1938年(昭和13年)に造られたアーチ式の三代目です

A.555【正解④】

A.556【正解①】
解説：居久根は樹木で囲い冬の寒さ・風から住宅を守る役目を果たす屋敷林。仙台市では、「杜の都の環境をつくる条例に基づく保存樹林」に指定し、その保全が図られています

A.557【正解③】
解説：段丘は3段の上町段丘、中町段丘、下町段丘に分かれます

A.558【正解②】
解説：国土地理院の地図によると標高約118m、仙台市役所が標高45.8mなのでその差は約72m

A.559【正解④】
解説：合併によって太平洋沿岸部から山形県境まで東西に伸びた結果

A.560【正解①】
解説：宮千代という名の稚児が京に上がるときに、宮城野原で歌を詠みましたが下の句が思いつかず、悶々と考えている内に病気になり、亡くなってしまいました。あわれに思った里人がねんごろに弔いましたが、夜な夜なその霊が宮城野原に出没します。うわさをきいた高僧が下の句を手向けてやったところ、霊が出なくなったという話が由来になっています

交通・地理・地名

Q.561 秋保にある盤司岩の名前の由来はどれでしょうか。
①岩の名前が火成岩の盤司にちなんで
②岩が盤状に重なって見えるので
③切り立った岸壁を中国では盤司というので
④マタギの盤司という兄弟が住んでいたので

Q.562 仙台市内には、街区を表す単位として丁と町が使われています。その違いについて正しいのはどれですか。
①「丁」の地名には町人、職人、足軽などが暮らしていた
②「町」の地名には武士が暮らしていた
③「丁」の地名には武士が暮らしていた

Q.563 仙台市の繁華街一番町がアーケード街になったのはいつですか。
①1965年(昭和40年・現市庁舎が完成)
②1972年(昭和47年・沖縄返還で沖縄県誕生)
③1978年(昭和53年・宮城県沖地震)
④1988年(昭和63年・泉市と秋保町が編入)

Q.564 仙台四郎を祀る三瀧山不動院は、仙台のどの商店街にありますか。
①マーブルロードおおまち商店街　②ハピナ名掛丁商店街
③クリスロード商店街　　　　　　④サンモール一番町商店街

Q.565 マーブルロードおおまち商店街の名前で、「マーブル」の由来はどれですか。
①輝く石の意味のラテン語から輝く通りとなるように
②アーケード路面の敷石が大理石なので
③音楽ユニットの名前から

Q.566 仙台駅前などにある「ペデストリアンデッキ」の意味はどれですか。
①自由に歩ける歩道
②自動車道と歩道が分離した高架にある歩道
③便利な歩道空間
④見晴らしの良い歩道

Q.567 ハピナ名掛丁とクリスロードとの商店街の境界はどれですか。
①藩政時代に境界付近に小さい道があったのでそこが境界となった
②藩政時代の商人と武士の居住境が境界となった
③藩政時代に領地を所有していた2名の領地堺が境界となった
④藩政時代に境を流れていた四ツ谷用水の水路が境界となった

正解と解説 ☞　　　　・・・・・・・・・・・・・・・・・交通・地理・地名

A.561【正解④】
解説：マタギの祖、狩人の兄弟盤司盤次郎と盤司盤三郎が暮らしていたからといわれています

A.562【正解③】
解説：今でも、片平丁、名掛丁、川内丁などの町名が残っています

A.563【正解②】
解説：1970年(昭和45年)に土・日曜日の歩行者天国が始まり、1972年(昭和47年)に全面アーケード街となりました(一番町商店街HPより)

A.564【正解③】
解説：三瀧山不動院は真言宗智山派に属する寺院で、大日大聖不動明王を本尊として祀っています。商売繁盛、家内安全にご利益があるとされています

A.565【正解②】
解説：大理石の敷石で舗装されているので、大理石の英語マーブルから名付けられました

A.566【正解②】
解説：歩道と広場を兼ね備えて、車道と分離した高架橋の建造物をいいます。仙台市には仙台駅西口・東口と、地下鉄泉中央駅にあります

A.567【正解④】
解説：侍町の名掛丁と町人町の新伝馬町の街境が四ツ谷用水の水路でした。現在は、地下に暗渠として流れている四ツ谷用水の水の流れをモチーフにしたデザインの敷石が商店街の境界です

交通・地理・地名

Q.568 クリスロードの名前の由来は何でしょうか。
　　　①フランス語のクリスを引用
　　　②クリスと言う名前の外国人が居住していた
　　　③Creative Life In Shoppingのからの造語

Q.569 壱弐参横丁の名前の由来は次のうちどれですか。
　　　①一番大きいお店が壱弐参商店であったので、その名前から
　　　②番地が1-2-3とそろったので
　　　③「いろはにほへと」から「いろは」をとって
　　　④色々なお店（飲食店、物販店等）が混在した市場であったことから

Q.570 晩翠通に平行した広瀬通と定禅寺通を結ぶ道路の愛称を仙台市が新しく定めました。愛称は何といいますか。
　　　①光彩通　　②公済病院通　　③定瀬通　　④鍛冶通

Q.571 広瀬川の宮沢橋付近には、水を引く堰にちなんだ町名の「堰場」があります。読み方は何ですか。
　　　①どうば　　②せきば　　③えんば　　④せば

Q.572 平成29年度のJR仙台駅の、定期利用者を含む1日の平均乗降客数は何人でしょうか。
　　　①約7万人　　②約8万人　　③約9万人　　④約10万人

Q.573 仙台市と村田町を結ぶ県道31号線の茂庭に行く手前にある短いトンネルの名前を何といいますか。
　　　①関山トンネル　　②石割トンネル
　　　③茂庭トンネル　　④馬越石トンネル

Q.574 太白区の八木山は、明治維新の頃までは別の名前で呼ばれていました。何と呼ばれていたでしょうか。
　　　①越路山　　②船戸山　　③鈎取山　　④佐保山

正解と解説 ☞　　　　　　　　　　　交通・地理・地名

A.568【正解③】
解説：1992年(平成4年)に新しいアーケードの完成とともに名付けられた造語で、Creative Life In Shopping の頭文字でCLIS(クリス)とroad(ロード)

A.569【正解②】
解説：元々は中央市場という名前でしたが、番地変更を機会に「壱弐参横丁」と変更しました。2本の細い路地に沿って飲食店や雑貨屋などが並んでいます

A.570【正解①】
解説：仙台市が地元の要望を受けて「光彩通」と愛称を決定しました。今まで広く知れ渡ってきた国分町の「七福通り」「稲荷小路」も同時に正式な愛称として命名されました(仙台市HPより)

A.571【正解①】

A.572【正解③】
解説：8万9505人。東北新幹線のみは2万7,339人です(JR東日本HPより)

A.573【正解④】
解説：1892年(明治25年)当時の生出村村長長尾四郎右衛門によって開削されました。その後、数回の改良が行われて現在のトンネルとなりました

A.574【正解①】
解説：明治頃までは越路山と呼ばれていました

自然・環境

Q.575 仙台市民に潤いを与えてくれる名取川は山形県境を水源に、河口で広瀬川と合流し太平洋に注ぐ1級河川です。名取川の延長は何kmでしょうか。
　　　①約29km　　②約38km　　③約55km　　④約67km

Q.576 泉ケ岳にはたくさんの登山コースがあります。次の中で1つだけ実在しない登山コースはどれでしょうか。
　　　①かもしかコース　　②水神コース　　③滑降コース
　　　④雪渓コース　　　　⑤表コース

Q.577 仙台市の「わがまち緑の名所100選」に選ばれた山の中で、次のうち最も高い山はどれでしょうか。
　　　①太白山　　②蕃山　　③権現森　　④青葉山

Q.578 仙台市の海岸線の総延長は何kmでしょうか。
　　　①12.6km　　②18.3km　　③21.7km　　④27.7km

Q.579 林野庁及び、緑の文明学会と地球環境財団の企画で「森林浴の森100選」に選ばれた公園はどこでしょうか。
　　　①将監沼公園　　②与兵衛沼公園　　③釣取モミの森　　④大年寺山公園

Q.580 青葉山と八木山の間にある渓谷を何と言いますか。
　　　①八木山渓谷　　②青葉山渓谷　　③川内峡谷　　④滝の口峡谷

Q.581 広瀬川でもアユは一定期間禁漁の時期があります。期間はいつからいつまでですか。
　　　①1月1日～5月30日　　②1月1日～6月30日
　　　③12月1日～5月30日　　④12月1日～6月30日

Q.582 仙台市内に「水芭蕉群生地」がありますが、その場所はどこですか。
　　　①太白山の麓　　②蕃山の麓　　③権現山の麓　　④泉ヶ岳の麓

Q.583 国土交通省国土地理院発行の地形図(1/25,000)によると日本で最も低い山は七北田河口にある日和山ですが、標高は何mでしょうか。
　　　①3.00m　　②6.12m　　③12.28m　　④24.72m

Q.584 仙台市の「杜の都仙台わがまち緑の名所100選」に選ばれた北目町通の並木道は何という愛称で呼ばれていますか。
　　　①ケヤキ並木　　②イチョウ並木
　　　③ユリノキ並木　　④サクラ並木

正 解 と 解 説 ☞　　　　　　　　　　　　自然・環境

A.575【正解③】
解説：太白区袋原で名取川に合流します。広瀬川のみの延長は約45.2kmです

A.576【正解④】
解説：かもしかコース：2時間10分 健脚向け
水神コース：1時間50分 子どもでも大丈夫
滑降コース：2時間10分 眺望が良く、所々に急斜面があります
表コース：2時間10分 4コース中で最もきつい登山道

A.577【正解②】
解説：太白山320m、蕃山356m、権現森314m、青葉山203m

A.578【正解③】

A.579【正解③】
解説：鈎取モミの森は1971年(昭和46年)に自然休養林に指定されている国有林です。林野庁が保護整備にあたっています。1986年(昭和61年)に森林浴の森100選に選ばれました

A.580【正解④】
解説：長さ約3km、入り口付近で深さ240m。最深部にあたる八木山橋直下で約70mに達します

A.581【正解②】
解説：水産資源の保護・培養のため、禁漁期間が県により定められています。アユ釣りには遊漁権の購入が必要で1日釣りで大人1,500円(年間4,000円)です

A.582【正解④】
解説：1965年(昭和40年)に市の天然記念物に指定されました

A.583【正解①】
解説：東日本大震災で山頂が削られて、標高6.05mから3.0mになりました

A.584【正解③】
解説：ユリノキはギリシア語の学名Leiriodendron tulip tere (チューリップのような華をつけるユリに似た花の意)を和訳して名づけられました。並木の緑と紅葉が美しい大きな葉で、夏の日差しから守っています

自然・環境

雑学1000題　中級

Q.585 広瀬川の下流域には愛宕堰や郡山堰等が設置されていますが、設置された目的はどれでしょうか。
①飲料水を確保する為　②広瀬川の流水を護る為
③洪水を調整する為　④農業用水を確保する為

Q.586 七北田川河口はある法律によって自然環境を保全する為の指定を受けています。その法律は何ですか。
①河川法で自然環境保全区域に指定
②海岸保全法で自然環境保全区域に指定
③自然公園法で保全地域に指定
④鳥獣保護法で鳥獣保護区（特別保護地区）に指定

Q.587 21世紀に残したい遺産として朝日新聞と森林文化協会が広瀬川を選出しました。それは何の100選でしょうか。
①日本水質保全100選　②日本の清流100選
③日本の風景100選　④日本の自然100選

Q.588 秋保の名勝である磊々峡は大地が侵食されて出来た地形です。「磊」の意味は何でしょうか。
① まわりが全て岩だらけ　② 石ころがゴロゴロしている
③ 岩がゴツゴツしている　④ 岩の間に石ころが挟まっている

Q.589 仙台市の平均気温は何度でしょうか（1981年〈昭和56年〉～2018年〈平成30年〉の平均値）。
①9.5℃　②11.0℃　③12.6℃　④13.6℃

Q.590 仙台市の平均気温は上昇中です。上昇の原因については色々ありますが、1927年（昭和2年）～2017年（平成29年）間でどの程度上昇しているでしょうか。
①1℃　②2℃　③3℃　④4℃

Q.591 「ワケルくん」の家族構成について正しいのはどれでしょうか。
①奥さん、息子、妹、猫の5人家族
②奥さん、娘、息子、犬の5人家族
③奥さん、お父さん、お母さんの4人家族
④奥さん、祖母、妹、猫、犬の6人家族

Q.592 仙台市がごみの有料化（指定ごみ袋制度）を実施したのはいつですか。
①2005年（平成17年）　②2008年（平成20年）
③2011年（平成23年）　④2013年（平成25年）

正解と解説　自然・環境

A.585【正解④】
解説：下流域の水田の農業用水を確保するため。2005年(平成17年)からは環境用水としても活用されています

A.586【正解④】
解説：蒲生干潟は渡り鳥の中継地で、シギやチドリ等が多く見られることから、1972年(昭和47年)仙台海浜鳥獣保護区蒲生特別保護区に指定されました

A.587【正解④】
解説：1982年(昭和57年)に公募し、4万5,000通、2,000か所の中から選ばれました。仙台市街地を貫き、市街地の近くでアユなどが釣れる川として有名なことから

A.588【正解②】
解説：国語辞典によると、石が重なり合ってゴロゴロしている状態をいいます

A.589【正解③】（仙台管区気象台HPより）

A.590【正解②】
解説：1927年(昭和2年)の平均気温10.9℃、2017年(平成29年)の平均気温が12.9℃で、2℃上昇しました

A.591【正解④】
解説：奥さん(セツコさん)、祖母(トメさん)、妹(ワケミちゃん)、猫(ワケ猫ちゃん)、犬(ワケタロウ)

A.592【正解②】
解説：ごみの有料化は2008年(平成20年)10月から実施。出すごみの量に応じて、その処理手数料を負担してもらう仕組みです(仙台市HPより)

自然・環境

Q.593 仙台市は生ごみを減量する合言葉に3つの「きる」を提唱して取り組んでいますが、1つだけ提唱していないものを選びなさい。
① 食材は「使いきる」　② 食材の購入時は「根をきる」
③ 料理は「食べきる」　④ ごみを出すときは「水気をきる」

Q.594 仙台市が行っているごみ処理に係わる費用はいくらぐらいでしょうか（平成29年度統計）。
① 約80億円／年間（7,400円／一人あたりの負担）
② 約100億円／年間（9,250円／一人あたりの負担）
③ 約130億円／年間（1万2,100円／一人あたりの負担）
④ 約200億円／年間（1万8,500円／一人あたりの負担）

Q.595 仙台市で最も早く環境運動として発展したのはどれですか。
① 脱スパイク運動　　② 梅田川の浄化事業
③ 新幹線騒音防止事業　　④ 広瀬川清流環境を守る事業

Q.596 仙台市が環境を守る為に最初に制定した条例は何ですか。
① 仙台市公害防止条例　　② 仙台市環境影響評価条例
③ 広瀬川の清流を守る条例　　④ 仙台市環境基本条例

Q.597 仙台市は「せんだいE-Action」を展開中です。次のうち1つだけ趣旨に沿わないものがあります。それはどれでしょうか。
① 省エネ　② 創エネ　③ 蓄エネ　④ 節エネ

Q.598 気象庁が観測を始めた1926年（昭和15年）以降で、仙台市で観測された最も強い最大瞬間風速は何メートルでしょうか。
① 38.2m/s　② 39.9m/s　③ 41.2m/s　④ 45.3m/s

Q.599 気象庁が観測を始めた1926年（昭和15年）以降で、仙台市の最も低い気温は何度でしょうか。
① －8.7℃　② －9.6℃　③ －11.7℃　④ －13.6℃

Q.600 仙台市の環境キャンペーンに出演する「ワケルくん」はどこの国の出身ですか。
① ドイツ　② フランス　③ イギリス　④ イタリア

正解と解説 ☞　　　　　　　　　　　　　自然・環境

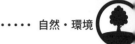

A.593【正解②】（ワケルネットより）

A.594【正解③】
解説：平成29年度環境局事業概要によると、ゴミ処理原価総額は年130億8,070万円です。仙台市の人口108万人として一人当たり1万2,101円を負担していることになります（仙台市HPより）

A.595【正解②】
解説：梅田川の浄化事業は1965年（昭和40年）、後に梅田川方式と呼ばれる都市河川浄化のモデルケースです。脱スパイク運動は1981年（昭和56年）、新幹線騒音防止事業は1975年（昭和50年）、広瀬川の清流環境を守る事業は1974年（昭和49年）

A.596【正解①】
解説：公害防止条例1971年（昭和46年）、環境影響評価条例1998年（平成10年）、広瀬川の清流を守る条例1974年（昭和49年）、環境基本条例1996年（平成8年）

A.597【正解④】
解説：キーワードは3E（省エネ　創エネ　蓄エネ）3E体験会等も実施しています

A.598【正解③】
解説：1997年（平成9年）3月11日に最大瞬間風速41.2m/sを観測（気象庁HPより）

A.599【正解③】
解説：最も低い気温を観測したのは1945年（昭和20年）1月26日の－11.7℃です（気象庁HPより）

A.600【正解①】
解説：ドイツ・シュツットトガルト生まれ27歳

震災・災害

雑学1000題　中級

Q.601 東日本大震災で交通機関がマヒ状態になりました。その中で、東北新幹線は震災から何日目に復旧しましたか。
　　①29日目　　②39日目　　③49日目　　④59日目

Q.602 2015年(平成27年)に仙台で開催された第3回国連防災世界会議は何をする会議でしたか。
　　①東日本大震災の教訓を広報する、国連が主催した会議
　　②国際的な防災戦略について議論する、国連が主催した会議
　　③原発事故の対応策を検討する、国連が主催した会議
　　④自然災害について各国の行政、科学者が議論した会議

Q.603 東日本大震災の時に仙台港に停泊していた太平洋フェリーの「きたかみ」はどのような対処で難を逃れましたか。
　　①舟をアンカーで固定した
　　②沖合に船を回航した
　　③港内で上手に津波を回避した

Q.604 東日本大震災の震源地の緯度、経度で正しいのはどれでしょうか。
　　①東経140°30′ 北緯35°20′
　　②東経140°68′ 北緯35°30′
　　③東経142°51′ 北緯38°06′
　　④東経142°00′ 北緯38°50′

Q.605 2011年(平成23年) 11月～12月に仙台市が行った、東日本大震災後の市民アンケートにおいて、震災前に家庭で備えておいたもので最も多かった物はどれでしたか。
　　①非常用食料・飲料水　　②家具類の固定の転倒防止
　　③携帯ラジオ　　　　　　④懐中電灯・ろうそく
　　⑤灯油等の燃料　　　　　⑥ガスコンロ

Q.606 東日本大震災でアメリカの海兵隊から復旧支援がありました。支援の作戦名は何といいましたか。
　　①オレイ作戦　　②ドウメイ作戦
　　③フッコウ作戦　④トモダチ作戦

Q.607 震災の教訓を生かして仙台市は沿岸部に津波避難タワー等の津波避難施設を整備しました。全部で何か所整備しましたか。
　　①9か所　　②13か所　　③16か所　　④20か所

正解と解説　震災・災害

A.601【正解③】
解説：1995年（平成7年）阪神淡路大震災での東海道新幹線は81日、2004年（平成16年）新潟県中越地震の上越新幹線は、61日かかりました

A.602【正解②】
解説：3月14日～18日までの5日間開催。国連に加盟する187か国6,500人以上、会場周辺の関連事業を含めると15万人以上が参加しました。新しい国際的防災指針「仙台防災枠組」、会議の成果をまとめた「仙台宣言」が採択されました。日本で開催された国連関係の国際会議としては、過去最大級の会議となりました（内閣府HPより）

A.603【正解②】
解説：船長が短時間の判断でフェリー船を沖合に回航して難を逃れました。地震発生から約1時間後の15時56分に沖合で津波に遭遇しました（日本海難防止協会HPより）

A.604【正解③】
解説：西北西―東南東方向に圧力軸を持つ逆断層型に分類される地震でした

A.605【正解④】
解説：最も多かったのは懐中電灯・ろうそくの80.9%、次いで携帯ラジオ70.0%、カセットコンロ61.4%、非常用食料・飲料水54.2%、以下、家具類の転倒防止、灯油など燃料の順となりました（仙台市（平成24年）東日本大震災に関する市民アンケート調査報告書より）

A.606【正解④】
解説：アメリカの同時多発テロの発生時に日本の消防救助隊が駆けつけてくれたことに起因しています。トモダチ作戦として2万4,000人の救助隊を派遣、日本円で68億円（8,000万ドル）の支援が行われました。4月30日作戦完了

A.607【正解②】
解説：津波避難タワーが6か所、津波避難ビルが5か所、学校に津波避難屋外階段2校（仙台市復興5年記録誌より）

震災・災害

雑学1000題 中級

Q.608 仙台市内には4つの活断層が存在します。最も地震の発生確率の高い活断層を選びなさい。
　　　①大年寺山断層　　②鹿落断層　　③坪沼断層　　④長町－利府断層

Q.609 東日本大震災の時、主に西部地域で発生した地盤被害はどのような地域で起きましたか。
　　　①地盤を切土した地域　　②盛土した地域
　　　③川の近くの宅地　　　　④住宅の基礎工事が悪かった地域

Q.610 東日本大震災の震源の深さは何kmでしたか。

Q.611 世界津波の日が国連総会で定められましたが、いつですか。
　　　①3月11日　　②6月6日　　③9月11日　　④11月5日

Q.612 東日本大震災を後世に伝える場所として仙台市は3か所の施設を選定しました。次の中で違うものはどれですか。
　　　①せんだい3.11メモリアル交流館　　②仙台市立荒浜小学校
　　　③中野地区地域モニュメント　　　　④仙台GIGS

Q.613 江戸時代に発生した東日本大震災と同規模の地震を何といいますか。
　　　①貞観地震　　②慶長三陸地震　　③寛政地震　　④金華山沖地震

正解と解説 ☞ ………… 震災・災害

A.608【正解④】
解説：利府から長町を経て村田町へ延長21km～40km。断層の西側が東側に対して相対的に隆起する逆断層で、4～5万年間に少なくとも3回活動しています。地震の発生確率がやや高いグループに属し、30年以内に1％、100年以内3％、300年以内10％。震度は7.0～7.5程度と推定されています（地震調査研究推進本部HPより）

A.609【正解②】
解説：地盤沈下、地割れ、地すべり等の大きな被害は盛土した地区で多く発生しています

A.610【正解 23.74km】

A.611【正解④】
解説：2015年（平成27年）の国連総会で決議されました。1854年（安政元年）11月5日に和歌山県で起きた大津波の際に、村人が自ら収穫した稲わらに火をつけて、村民に警報を発し命を救った「稲むらの火」の逸話に由来します（外務省HPより）

A.612【正解④】
解説：地下鉄荒井駅前にあるライブハウス

A.613【正解②】
解説：1611年12月2日（慶長16年10月28日）に発生した地震と大津波。仙台藩領内で5,000人が犠牲になったという記録があります。仙台平野では塩害が発生し、10年経過しても米が収穫できませんでした

スポーツ

Q.614 仙台市出身の横綱二代目谷風の優勝回数は何回でしたか。
①15回　②18回　③21回　④27回

Q.615 2019年(平成31年)3月現在、仙台市内には何か所ゴルフ場がありますか(練習場は含みません)。
①4か所　②6か所　③7か所　④8か所

Q.616 ベガルタ仙台が勝利した試合後にサポーターが歌う曲はどれですか。
①シャンゼリゼ　②C'mon　③AURA　④カントリーロード

Q.617 次の中で仙台六大学野球リーグに所属していない学校はどこですか。
①東北大学　②東北福祉大学
③東北学院大学　④東北医科薬科大学

Q.618 仙台市に初めてプロ野球の本拠地を置いたプロ野球団はどこですか。
①西武ライオンズ　②ロッテオリオンズ
③阪急ブレーブス　④近鉄バッファローズ

Q.619 仙台市出身の柔道家神永昭夫が東京オリンピックの無差別級で獲得したメダルはどれですか。
①金メダル　②銀メダル　③銅メダル　④メダル無し

Q.620 元東北楽天ゴーデンイーグルスの田中将大投手は、2013年(平成25年)に目覚しい活躍をしました。その年にとった賞の数はいくつですか。
①12個　②17個　③23個　④27個

Q.621 仙台市出身の力士青葉城の幕内での最高位はどこまでいきましたか。
①横綱　②大関　③関脇　④小結

Q.622 東北楽天ゴーデンイーグルスの本拠地東北楽天生命パーク宮城が制定している「ゴールデンイーグルスの日」は何日ですか。
①5月19日　②6月23日　③8月8日　④9月19日

Q.623 次の4人のうち、仙台市出身で日本代表にもなっていたプロサッカー選手は誰でしょうか。
①今野泰幸　②遠藤康　③丹野研太　④千葉直樹

正解と解説 ☞ ………………… スポーツ

A.614【正解③】
解説：当時は1場所晴天8日間の年2場所制でした

A.615【正解③】
解説：太白カントリークラブ秋保、仙台ヒルズゴルフ倶楽部、グレート仙台カントリー倶楽部、西仙台カントリークラブ、泉パークタウンゴルフ倶楽部、泉国際ゴルフ倶楽部、グレースリッジカントリークラブ

A.616【正解③】
解説：「シャンゼリゼ」は勝利した時と得点した時、「C'mon」はサポーター側で攻めている時に、勝利した場合の後に「AURA」を歌います。「カントリーロード」は選手入場時の応援歌です。その他多くの応援歌があります

A.617【正解④】
解説：東北大学、東北福祉大学、東北学院大学、東北工業大学、宮城教育大学、仙台大学の6校です

A.618【正解②】
解説：親会社の大映が倒産したことで本拠地の東京スタジアムを失いました。1973年(昭和48年)〜1976年(昭和51年)まで、仙台を準フランチャイズとして各地で主催試合を行いました。当時のエースはマサカリ投法で有名な村田兆治投手でした

A.619【正解②】
解説：決勝でオランダのアントン・ヘーシンクに敗れ銀メダルでした

A.620【正解②】
解説：①MVP、②沢村賞、③最多勝、④最高勝率賞、⑤最優秀防御率賞、⑥ベストナイン、⑦ゴールデングラブ賞、⑧正力賞特別賞、⑨バッテリー賞、⑩コミッショナー特別表彰、⑪月間MVP、⑫交流戦日本生命賞、⑬オールスター敢闘選手、⑭CSファイナルMVP、⑮日本シリーズ優秀選手、⑯日本シリーズコナミ賞、⑰ジョージア魂賞

A.621【正解③】
解説：太白区出身、1948年(昭和23年)生まれ。最高位は西関脇、戦績は十両優勝1回、敢闘賞1回など

A.622【正解①】
解説：ゴ(5)ールデン(1)イーグ(9)ルス、5月19日に主催試合があるときはイベントがあります

A.623【正解①】
解説：1983年(昭和58年)生まれ、東北高校出身。2001年(平成13年)コンサドーレ札幌と契約しJリーガーに

スポーツ

雑学1000題 中級

Q.624 1934年(昭和9年)の日米野球で仙台市でも試合を行い、ベーブ・ルースが来日初ホームランを打ちました。試合が行われた球場はどこでしょうか。
　①評定河原野球場
　②宮城県営野球場(楽天生命パーク宮城)
　③鈎取野球場
　④八木山球場

Q.625 仙台89ERSはプロバスケットボールのB2リーグに所属していますが、B2リーグに所属するチームは何チームあるでしょうか。
　①6チーム　②12チーム　③18チーム　④24チーム

Q.626 泉ヶ岳には4つの登山コースがありますが、子ども(小学生まで)から大人まで登れる水神コースは山頂まで何kmあるでしょうか。
　①2.7km　②3.7km　③4.7km　④5.7km

Q.627 梨田監督は東北楽天ゴーデンイーグルス何代目の監督でしょうか(監督代行は含みません)。
　①三代目　②四代目　③五代目　④六代目

Q.628 ベガルタ仙台がプロサッカー(J2)に昇格したのは何年でしょうか。
　①1986年(昭和61年・第1回SENDAI光のページェント開催)
　②1992年(平成4年・地下鉄南北線が泉中央駅まで開通)
　③1999年(平成11年・人口が100万人達成)
　④2003年(平成15年・仙台城跡国史指定)

Q.629 仙台市は2016年(平成28年)度からシティーセールス事業の一環で「仙台デザインマンホールプロジェクト」として、マンホール蓋にあるプロスポーツ団体のコンセプトをデザインしたものを設置しました。それはどの団体でしょうか。
　①東北楽天ゴーデンイーグルス　②ベガルタ仙台
　③センダイガールズプロレスリング　④仙台89ERS

Q.630 第1回仙台国際ハーフマラソンが開催されたのは何年でしょうか。
　①1991年(平成3年・東北新幹線東京駅乗り入れ)
　②1993年(平成5年・藤井黎仙台市長が誕生)
　③1995年(平成7年・チャイコフスキー国際音楽コンクール開催)
　④1997年(平成9年・仙台スタジアムオープン)

正解と解説 ☞ ……………… スポーツ

A.624【正解④】
解説：1934年(昭和9年)日米対抗試合を全国各地で開催。仙台でも1929年(昭和4年)に造った八木山球場(現セルコホームズーパラダイス八木山のアフリカ園のあたり)で行われました。ベーブ・ルースが打ったホームランボールの落下場所(アフリカ園の東側)にベーブ・ルースの銅像があります

A.625【正解③】
解説：B2リーグは東地区、中地区、西地区に分かれ、それぞれ6チームが所属しています。仙台89ERSはB2東地区でプレーしています

A.626【正解②】
解説：水神コース入口、スキー場駐車場付近で標高530m。山頂の標高1,172mでその差642m。距離は長いが岩場が少なく、子ども連れでもOK！(泉ヶ岳パンフレットより)

A.627【正解④】
解説：田尾、野村、ブラウン、星野、大久保、梨田監督。梨田監督は2018年6月に辞任。6月17日〜平石洋介ヘッドコーチが監督代行。2019年のシーズンから正式就任しました

A.628【正解③】
解説：1988年(昭和63年)東北電力サッカー部として発足。1994年(平成6年)からブランメル仙台、1999年(平成11年)のJ2昇格の際にベガルタ仙台に改称

A.629【正解①】
解説：仙台マンホールプロジェクト第1弾として2017年(平成29年)4月から、仙台駅東口〜楽天生命パーク宮城までの宮城野通歩道に21か所設置されています(仙台市HPより)

A.630【正解①】
解説：1991年(平成3年)から始まった大会で、毎回約1万人が参加します。2005年(平成16年)に国際大会となり、「仙台国際ハーフマラソン大会」に改称しました(仙台市HPより)

スポーツ

Q.631 仙台89ERSが設立されたのは何年でしょうか。
　　①1989年（平成元年・政令指定都市スタート）
　　②1999年（平成11年・人口100万人達成）
　　③2007年（平成19年・仙台空港アクセス線が開通）
　　④2009年（平成21年・仙台商業高等学校と仙台女子商業学校を統合）

Q.632 2005年（平成17年）に宮城球場が東北楽天ゴーデンイーグルスの本拠地となってから愛称が変わっています。2018年（平成30年）に楽天生命パーク宮城で何回目の変更になりますか。
　　①3回目　　②4回目　　③5回目　　④6回目

Q.633 2003年（平成15年）にできた元気フィールド仙台にボルダリングの施設があります。次の中でボルダリングに当てはまるスポーツはどれですか。
　　①スケートボードを複数で争う競技
　　②壁を使った岩登りを真似た競技
　　③芝生の中で1対1でサッカーボールを取り合う競技
　　④体育館の中でバスケットボールを使い3人1組で行う競技

Q.634 東北楽天ゴーデンイーグルスの永久欠番は2018年（平成30年）現在2つです。星野仙一監督の77番ともう1つは何番ですか。
　　①1番　　②10番　　③26番　　④51番

Q.635 東北楽天ゴーデンイーグルスは2013年（平成25年）に仙台市内で優勝パレードを行ないました。パレード見物の人出はどれくらいでしたか。
　　①約6万人　　②約11万人　　③約16万人　　④約21万人

Q.636 仙台市もコースに入っている「全日本実業団対抗女子駅伝競走大会（クイーンズ駅伝in宮城）」は女子駅伝で最高峰の戦いと言われています。ゴール地は仙台市ですが、出発地の自治体はどこでしょうか。
　　①岩沼市　　②大崎市　　③石巻市　　④松島町

Q.637 スポーツ選手で仙台市の三大「あいちゃん」と言えばそれぞれ誰でしょうか。
　　A卓球選手　　（ロンドンオリンピック団体戦銅メダル）
　　Bゴルフ選手　（高校生でプロゴルフトーナメント優勝）
　　Cバレーボール選手　（日本代表、オリンピックで銅メダル）

正 解 と 解 説 ☞ ……………… スポーツ

A.631【正解②】

A.632【正解③】
解説：フルキャストスタジアム宮城、日本製紙クリネックススタジアム宮城、楽天Koboスタジアム宮城、Koboパーク宮城、楽天生命パーク宮城と変わっています

A.633【正解②】
解説：スポーツクライミングの一種で、ロープを使わず最低限の道具と身体を駆使して岩や山、人工の壁面を登るスポーツ。2020年東京オリンピックの競技としても採用されました。仙台市の公共施設では唯一の施設で、高さ5mの異なる5つの壁が用意されています。入門、初級、上級と3段階に分かれているので、初心者でもできます

A.634【正解②】
解説：ファンはスターティングメンバーに次ぐ10番目の選手ということで、球団設立当初から永久欠番です。球団マスコットのクラッチがファン代表として背番号10をつけてベンチで応援しています

A.635【正解④】
解説：2013年（平成24年）11月24日、東二番丁通の商工会議所〜五ツ橋交差点まで1.5kmを30分かけてパレードしました。同日、楽天球団と田中将大投手に県民栄誉賞が授与されました

A.636【正解④】
解説：松島町〜利府町〜塩釜市〜多賀城市〜仙台市までの42.195kmのコースで、毎年12月に開催。2011年（平成23年）から宮城県で行われるようになりました（それまでは岐阜県）

A.637【正解　福原 愛　宮里 藍　大友 愛】
福原愛：仙台市から仙台市観光アンバサダーを委嘱されています。2018年（平成30年）引退
宮里藍：東北高校出身、アメリカを中心に活躍、2017年（平成29年）引退
大友愛：2001年（平成13年）から全日本代表、ロンドンオリンピックで銅メダル獲得、2013年（平成25年）引退

スポーツ

Q.638 毎年春に開催される仙台国際ハーフマラソンの組み合わせとして正しいのはどれですか。
　　　①ハーフマラソン、10km、5kmの3種目
　　　②ハーフマラソン、5km、3kmの3種目
　　　③ハーフマラソン、5km、2kmの3種目
　　　④ハーフマラソン、10km、3kmの3種目

Q.639 泉区にあるアイスリンク仙台はリニューアルオープンして2017年(平成29年)に10周年を迎えましたが、それ以前は別の名前でした。何と言いますか。
　　　①ダエースケートリンク　　②泉スケートセンター
　　　③八乙女スケート場　　　　④オレンジワン泉

Q.640 東北楽天ゴールデンイーグスはパ・リーグのクライマックスシリーズに何回でましたか(2018年〈平成30年〉11月1日現在)。
　　　①1回　　②2回　　③3回　　④4回

Q.641 仙台市出身のプロサッカー選手今野泰幸は複数のプロサッカークラブに所属してきました。次の中で今まで所属していないチームはどれですか。
　　　①ガンバ大阪　　②FC東京　　③ベガルタ仙台　　④コンサドーレ札幌

正 解 と 解 説 ☞ ・・・・・・・・・・・・・・・・・・・・ スポーツ

A.638【正解③】

A.639【正解④】
解説：オレンジワン泉は1988年(昭和63年)に開場。親会社の経営難により2004年(平成16年)に閉鎖。2007年(平成19年)にアイスリンク仙台としてリニューアルオープンしました

A.640【正解③】
解説：2009年(平成21年)野村監督時代、2013年(平成25年)星野監督時代、2017年(平成29年)梨田監督時代の3回クライマックスシリーズに出場。2013年(平成25年)は日本シリーズに進み日本一を獲得

A.641【正解③】
解説：2018年(平成30年)現在、ガンバ大阪に所属し、ミッドフィルダーとして活躍

グルメ

Q.642 仙台の伝統野菜は、仙台の気候や風土に適し、古くから栽培されてきました。次の中で1つだけ仙台の伝統野菜でないものがあります。それはどれでしょうか。
　①仙台雪菜　　②仙台曲がりねぎ　　③仙台白菜
　④仙台芭蕉菜　⑤仙台キャベツ　　⑥仙台長ナス

Q.643 仙台藩が保存食として備えていたものは何ですか。

Q.644 仙台牛の品種は次のどれに当たりますか。
　①褐毛和種　　②黒毛和種　　③無角和種　　④日本短角種

Q.645 仙台駄菓子の材料は何ですか。
　①小麦粉、大豆、黒砂糖
　②米粉、胡麻・大豆等の穀物、黒砂糖
　③小麦粉、米粉の混合、黒砂糖
　④小麦粉、米粉の混合、胡麻と大豆等の穀物、黒砂糖

Q.646 仙台雑煮に入る野菜に「からとり」があります。「からとり」は野菜のどこの部分でしょうか。
　①さといもの葉柄　　②大根の葉の部分
　③小松菜の若葉　　　④仙台雪菜の花茎

Q.647 笹かまぼこの主な原材料となる魚種はどれでしょうか。
　①サンマ　　②イワシ　　③サケ　　④キンキ

Q.648 仙台甘藷（かんしょ）は何という食物のことですか。
　①ジャガイモ　　②サツマイモ　　③長芋　　④菊芋

Q.649 仙台味噌の麹は何麹ですか。
　①麦麹　　②大豆麹　　③蘇鉄麹　　④米麹

Q.650 仙台市の米の自給率は何%でしょうか。
　①約25%　　②約33%　　③約43%　　④約52%

Q.651 仙台駄菓子はいつごろから作られましたか。
　①江戸時代初期〜中期　　②江戸時代後期　　③明治　　④昭和初期

Q.652 仙台長なすは、400年以上前にある仙台藩士が、長なすの種を仙台に持ち帰り栽培したのが始まりといわれています。どこから持ち帰ったのでしょうか。
　①朝鮮　　②博多　　③近江　　④宇和島

正解と解説 ☞ ……………………… グルメ

A.642【正解⑤】
解説：戦前・戦後まで、仙台地域の風土の中で作られていた野菜の中で、種が現存するもの、または、栽培方法が独特の手法をとるものが仙台伝統野菜とされています

A.643【正解 糒（ほしいい）】
解説：糒（ほしいい）は、米を蒸したり、煮たものを天日干しして加工したもので、常に藩邸等に保存食・兵糧として常備していました。仙台藩の糒は味が良いことで有名で、江戸藩邸では赤穂浪士が泉岳寺に向かう時にふるまったと言われています

A.644【正解②】
解説：仙台牛は最上級の牛肉です。日本の和牛の90％以上が黒毛和種で、肉牛としては最高の遺伝的資質を持っています。褐毛和種は体格が大きい。無角和種は成長が早い。日本短角種は手間がかからず成長が早く、東北に多いなどの特徴があります

A.645【正解②】
解説：最初はくず米を使用したり、藩から払い下げられた仙台糒を材料に、おこし・ねじり菓子が造られました。現在は米・大豆・胡麻等の穀物を組み合わせて作っています

A.646【正解①】
解説：さといもの葉柄を干したもの

A.647【正解④】
解説：その他に、タラ、イトヨリ、グチ等が使われています

A.648【正解②】
解説：1811年(文化8年)太白区中田の川村幸八が、下総(千葉県)から種芋を求めて栽培したのが始まりです

A.649【正解④】
解説：仙台味噌の材料は大豆、塩、米(麹)

A.650【正解①】
解説：仙台市内の米消費量（1人あたり全国平均と同じ54.4kgで換算）5万8,869t、米の生産量1万4,500t生産額ベース自給率24.6%）(平成29年度政府統計より)

A.651【正解①】
解説：払い下げられた糒や黒糖を用いて作る町家や農家の菓子と、仙台藩の茶道文化とともに発展した茶菓子の技術や文化が、庶民にも浸透して仙台駄菓子となりました

A.652【正解②】
解説：朝鮮出兵(文禄の役)の帰途に、博多で種を手に入れて持ち帰り領内で栽培したのが始まりといわれています。現在は在来品種と交配品種の2種類が栽培されています（岡田の長なす漬本舗HPより）

グルメ

雑学1000題 中級

Q.653 地産地消を提唱する「スローフード運動」の意義について、次の中で間違っている取り組みはどれですか。
①郷土料理や質の高い食品、地酒等を守る
②ファストフード産業への敵対を提唱している
③質の高い食材を提供してくれる生産者を守る
④子どもを含めて生活者に、味の教育を進める

Q.654 平成29年度に新たに新ブランド米が売りだされました。新ブランド米の名前は何と言いますか。

Q.655 次の仙台銘菓で最も歴史の古い銘菓はどれですか。
①白松がモナカ　②萩の月　③支倉焼　④喜久福

Q.656 仙台あおば冷やし麺の特徴はどれでしょうか。
①麺はひとめぼれの米粉100%
②麺は小麦粉100%
③麺は小麦粉とひとめぼれを混ぜ合わせたもの
④麺はひとめぼれと大豆を混ぜ合わせたもの

Q.657 仙台あおばスイーツは仙台産の野菜を使います。特に仙台市が委託して開発したスイーツ2品で使われている野菜はどれとどれでしょうか。
①仙台曲がりねぎ　②仙台長ナス　③仙台雪菜　④仙台白菜

Q.658 東北大学の堀切川教授の発案で、宮城県寿司商生活衛生同業組合等が開発した丼物があります、丼の名前はなんと言いますか。
①あおば丼　②仙台づけ丼　③仙台グルメ丼　④青葉グルメ丼

Q.659 仙台名物「牛タン焼き」は、仙台発祥と言われていますが、いつごろから仙台で食べれるようになりましたか。
①大正時代から　　　　②昭和初期から
③戦後の食料難のときから　④昭和40年代前半

Q.660 2000年(平成12年)12月、土産品新聞社が行った「20世紀を代表するお土産」で全国3位になったものはどれでしょうか。
①笹かまぼこ　②仙台駄菓子　③白松がモナカ　④萩の月

Q.661 仙台商業高等学校が商品化したグルメカレーは何といいますか。
①宮城牛すじ黒カレー　②仙台べごタンカレー
③宮城三陸牡蠣カレー　④宮城三陸ホヤカレー

正 解 と 解 説 ■☞ ………………… グルメ

A.653【正解②】

A.654【正解　だて正夢】
解説：ひとめぼれに続く新ブランド米で、もちもち感が特徴

A.655【正解①】
解説：白松がモナカは1932年(昭和7年)の創業時から。萩の月は1979年(昭和54年)、支倉焼は1958年(昭和33年)、喜久福は1998年(平成10年)から販売開始した、いずれも仙台を代表する銘菓です

A.656【正解①】
解説：夏限定商品。市内の飲食店で販売しています。たれは枝豆をすり潰したものをベースに仙台味噌、醤油、酢で味を調えています(仙台市HPより)

A.657【正解①と③】
解説：曲がりねぎリーフクッキー、雪菜と米粉の和コロン(仙台市HPより)

A.658【正解②】

A.659【正解③】
解説：1948年(昭和23年)国分町「味太助」の初代店主佐野啓四郎が日本人好みに開発、販売したのが始まり

A.660【正解④】
解説：2000年(平成12年)12月調べ　1位白い恋人　2位辛子明太子　3位萩の月　4位八ツ橋　5位赤福　9位笹かま　20位に白松がモナカ

A.661【正解②】
解説：2016年(平成28年)に牛タンと笹かまぼこを使った仙台べごタンカレーを開発しました。他にも仙台サイダーを開発しました(宮城県HPより)

グルメ

雑学1000題 中級

Q.662 仙台市が「伊達美味(だてうま)」として紹介している食べものの数は何種類でしょうか。
①7種類　②10種類　③14種類　④18種類

Q.663 秋保温泉にはいろいろなスイーツがありますが、次の中で秋保温泉のスイーツでないものはどれでしょうか。
①秋保おはぎ　②ゆめの森みそかりんとう
③揚げ磊々　④なまどら焼

Q.664 仙台市にニッカヰスキー宮城峡蒸留所があります。国税庁の統計で、宮城県の1人当たりウイスキーの消費量は全国で何位になりますか。
①第2位　②第4位　③第7位　④第10位

Q.665 仙台牛タン焼きにあわせて開発された地酒の名前は何でしょうか。
①牛舌酒　②テール酒　③牛タン地酒　④是舌品

Q.666 定義如来西方寺門前町にはいろいろなお土産品がありますが、次の中で定義如来のお土産品でないものはどれですか。
①三角あぶらあげ　②揚げまんじゅう
③みそ焼きおにぎり　④味噌昆布

Q.667 「食材王国みやぎ地産地消の日」はいつでしょうか。
①毎月第1金曜日・土曜日・日曜日
②毎月第2金曜日・土曜日・日曜日
③毎月第3金曜日・土曜日・日曜日
④毎月第4金曜日・土曜日・日曜日

Q.668 秋保限定「秋保米」を使用したオリジナル商品が開発されています。次の3つの中でまだ商品化されていないものはどれですか。
①「秋保福おみそ」　②純米酒「あきうまい」　③秋保米「米粉」

Q.669 ニッカヰスキー仙台工場宮城峡蒸留所には、ウイスキーの原酒を貯蔵する樽の製造・修理を行う工場があります。樽に使用している木材は何でしょうか。
①ヒバ材　②ヒノキ材　③ナラ材　④オーク材

正解と解説 ☞ ･･････････････････････ グルメ

A.662【正解④】
解説：牛タン焼き、笹かまぼこ、仙台あおば餃子、仙台あおばスイーツ、仙台づけ丼、ずんだ餅、仙台駄菓子、仙台銘菓、芋煮、三角あぶらあげ、仙台牛、地酒、仙台味噌、冷やし中華、長なす漬、仙台マーボー焼きそば、仙台産枝豆、仙台せり鍋、の18種類（伊達美味HPより）

A.663【正解④】
解説：なまどら焼は塩竈の「榮太郎本舗」、太白区の「こだまのどら焼き本舗」などが作っています

A.664【正解①】
解説：平成29年度の成人1人当たり酒類販売（消費）数量表によると、東京都の2.5リットルに次いで宮城県は2.0リットルで2位でした（平成28年度国税庁「酒のしおり」より）

A.665【正解④】
解説：仙台牛タン振興会承認。2008年（平成20年）宮城県産「蔵の華」を使用して牛タン振興会が協力して作った純米吟醸酒

A.666【正解④】
解説：定義如来西芳寺には平成29年度は約77万人の観光客がありました。公式キャラクター浄土君

A.667【正解①】
解説：「地産地消推進月間は」10月、11月（宮城県HPより）

A.668【正解③】
解説：2019年（平成31年）3月現在、米粉を使った商品は開発されていません

A.669【正解④】
解説：北米産のオーク材を使用しています。作業のほとんどが職人による手作業で樽が造られています（ニッカウヰスキー仙台工場HPより）

地元学

雑学1000題 中級

Q.670 ミヤギテレビが夕方に放送している「OH！バンデス」は、歌手のさとう宗幸が司会する情報番組ですが、いつから放送されているでしょうか。
①1989年（平成元年・政令指定都市スタート）
②1995年（平成7年・杜の都の風土を育む景観条例制定）
③2000年（平成12年・仙石線あおば通駅開設）
④2003年（平成15年・仙台カップ国際ユースサッカー大会開催）

Q.671 八木山にあるミヤギテレビの電波塔（通称ミヤテレタワー）はその日によってライトアップの色が変わります。正しいのはどれでしょうか。
①晴れの日はオレンジ色
②曇りの日は緑色
③雨・雪の日は白色

Q.672 1989年（平成元年）に仙台市制百周年を記念して河北新報社が歌詞を公募し、制作した「仙台音頭」の曲名はなんですか。
① 仙台・宮城にございん音頭　②花のまち仙台
③仙台小唄　　　　　　　　　④仙台賛歌

Q.673 愛称ラジオ3と呼ばれている（株）仙台シティエフエムの開局はいつでしょうか。
①1985年（昭和60年）　②1990年（平成2年）
③1996年（平成8年）　　④2000年（平成12年）

Q.674 仙台大観音は、仙台市内を見下ろすように建立されていますが、どの方向を向いて立っているでしょうか。
①真東　②真南　③仙台駅　④金華山

Q.675 仙台朝市の商店街はいつごろできましたか。
①仙台駅の開業に併せて
②仙台空襲の後に
③エンドーチェンの開業時
④戦前から食品の屋台売り場として出来ていた

Q.676 仙台市の老舗百貨店藤崎はいつ創業しましたか。
①1792年（寛政4年・林子平の政論書が出版禁止）
②1819年（文政2年・スペインのプラド美術館開館）
③1855年（安政2年・第1回パリ万国博覧会が開催）
④1901年（明治34年・アメリカから蒸気自動車輸入）

正解と解説 ☞　　　　　　　　　　　　地元学

A.670【正解②】
解説：当初の番組名は「宗さんのOH！バンデス」。2019年(平成31年)現在、20年以上続く長寿番組で宮城の旬の情報を発信しています

A.671【正解①】
解説：晴れ＝オレンジ、くもり＝白、雨または雪＝緑色にライトアップされます

A.672【正解②】
解説：1989年河北新報が制作して仙台市に寄贈しました。作詞：サトウ幸史、補作詞：岩谷時子　作曲：市川昭介。「仙台・宮城にござい ん音頭」は伊達武将隊のテーマソング。「仙台小唄」正式名称「ミス仙台」作詞：西条八十、作曲：古関祐而。組曲「仙台賛歌」は市制88周年作った曲です

A.673【正解③】
解説：ラジオ3は仙台市エリアのコミュニティエフエムで、周波数FM76.2MHz。1996年(平成8年)2月開局

A.674【正解③】
解説：中心部の高層ビルからもその姿をみることができます

A.675【正解②】
解説：1945年(昭和20年)の仙台空襲で仙台市内が焼け野原になった時に、市民の食糧難を防ぐために出来ました

A.676【正解②】
解説：1819年(文明2年)に大町1丁目に太物商「得可主屋(エビスヤ)」として創業。1912年(明治45年)株式会社藤崎呉服店となり、1930年(昭和5年)株式会社藤崎と改称(藤崎HPより)

地元学

雑学1000題　中級

- Q.677　仙台弁で「おだつ」の意味は何ですか。
  - ①まじめに　②調子に乗る　③悪口をいう　④怠け者
- Q.678　作並温泉の観光案内の情報発信する、湯のまち作並観光交流館「ラサンタ」があります。ラサンタはスコットランド語ですが、意味は何でしょうか。
  - ①温泉　②温もり　③渓流　④山あい
- Q.679　仙台駅前にガス燈が設置されていますが、海外から輸入したものです。輸入先はどこですか。
  - ①イギリス　②フランス　③イタリア　④スペイン
- Q.680　一番町で屋上に「和霊神社」が祀られているビルの名前は何ですか。
  - ①第一生命タワービル　②電力ビル
  - ③三越ビル　④フォーラスビル
- Q.681　秋保大滝前の茶屋で変わった器に入れて販売されている食べ物は何ですか。
  - ①笹団子　②笹に包んだおはぎ　③竹おはぎ　④竹豆腐
- Q.682　一番町4丁目商店街には、岩沼市にある「金蛇水神社」の分霊社が祀られています。その場所はどこですか。
  - ①七十七銀行一番町支店横　②仙台東映プラザ横
  - ③三越本館横　④仙台第一生命タワービル横
- Q.683　1998年（平成10年）まで錦町公園にイベント等ができる建物がありました。その名前は何といいましたか。
  - ①美術館　②博物館　③科学館　④レジャーセンター
- Q.684　仙台弁で「ちゃけた」の意味はどれですか。
  - ①ものが壊れた　②ものを貸した
  - ③ものを借りた　④ものを作った
- Q.685　仙台弁で「しゃでっこ」の意味はどれですか。
  - ①親戚　②従兄弟　③弟　④兄
- Q.686　河北新報社の「河北」の由来はどれですか。
  - ①一党一派に属さない独立した企業としていく為に「河北」とした
  - ②河のように何者にも邪魔されない趣旨で「河北」とした
  - ③宮城は太平洋に注ぐ河川が多く阿武隈川以北の地域をさしているから
  - ④「白河以北一山百文」の言葉から「河北」

正 解 と 解 説 ☞　‥‥‥‥‥‥‥‥‥‥‥‥ 地元学

A.677【正解②】

A.678【正解②】
解説：観光交流施設として建設されました

A.679【正解①】
解説：イギリスのロンドンから輸入したもので、ウエストミンスター寺院にあるものと同じもの。117基のうち22基に伊達政宗騎馬像の飾りが付いています

A.680【正解④】
解説：伊達政宗公の長子宇和島藩主伊達秀宗の家老として、手腕を発揮した山家清兵衛公頼を祀る神社

A.681【正解④】
解説：青竹の器に入った豆腐が美味しい

A.682【正解③】
解説：商売繁昌等を祈願する方が見受けられます

A.683【正解④】
解説：1952年(昭和27年)に国民体育大会の開催に合わせて開館。1998年(平成10年)閉館。隣接地には旧仙台市武道館やホテル仙台プラザなどがありました

A.684【正解①】
解説：物が壊れたときに使います

A.685【正解③】
解説：弟または弟分

A.686【正解④】
解説：河北新報社を創業した一力健治郎は、明治政府から東北が軽視されていたことから、政治・文化の復権を図る意味で、「白河以北一山百文」の言葉から河北と名付けて新聞を発行したといわれています。1897年(明治30年)1月17日創刊

地元学

雑学せんだい1000題　中級

Q.687　2015年(平成27年)の国勢調査で、男女ともに最も寿命が長い区はどこでしょうか。
①青葉区　②宮城野区　③若林区　④太白区　⑤泉区

Q.688　2019年(平成31年)3月現在、仙台朝市には何店舗ありますか。
①約70軒　②約100軒　③約120軒　④約150軒

Q.689　仙台近郊で大正～昭和初期にかけて燃料に使用していたものは何ですか。
①松油　②亜炭　③石炭　④石油

Q.690　仙台弁の「わらわら」の意味はなんですか。
①かたずける　②用事を足して来た
③小言を言った　④いそいで

Q.691　仙台市内には河川延長が40km以上の川が3本あります。次の中で仙台市内に源流がない川はどれですか。
①阿武隈川　②名取川　③広瀬川　④七北田川

Q.692　2015年(平成27年)の国勢調査で、仙台市の平均年齢は低いほうから数えると宮城県内で何位でしょうか。
①1位　②3位　③4位　④6位

Q.693　仙台市立病院の診療科目はいくつあるでしょうか(2019年〈平成31年〉3月現在)。
①15診療科目　②21診療科目　③24診療科目　④31診療科目

Q.694　仙台弁で「おしょすい」と言う言葉の意味はどれでしょうか。
①化粧がうまい　②かわいい　③てれる　④恥ずかしい

Q.695　陸奥国分寺・尼寺跡にガイダンス施設が設置されました。ガイダンス施設に併設された当時の面影を感じさせる休息棟の名前を何といいますか。
①平安廻廊　②ロマン廻廊　③陸奥廻廊　④天平廻廊

Q.696　戦後の1951年(昭和26年)に一番町にできた娯楽の殿堂として親しまれた会館をなんと言いますか。
①国分町会館　②仙萩会館　③ボンボン会館　④一番町会館

Q.697　仙台市内で「土木遺産」(公益社団法人土木学会土木遺産選考委員会)が3か所で認定されています。次の中で認定されていないものはどれですか。
①青下ダム　②四ツ谷用水
③仙山線鉄道施設群　④仙台市煉瓦下水道

正解と解説　地元学

A.687【正解⑤】
解説：2017年(平成29年)度国勢調査で、男性は泉区、青葉区、宮城野区、若林区、太白区の順。女性が泉区、青葉区、宮城野区、太白区、若林区です。泉区と若林区の差は、男性0.7歳(泉区82.2歳、若林区81.5歳)女性0.5歳(泉区87.9歳、若林区87.4歳)です(厚生労働省HPより)

A.688【正解①】
解説：70軒程度の店舗があり、営業時間は店毎に若干違います。朝市と名乗っていますが、実際は夕方まで営業しており、特に夕方の4時前後が混雑のピークです

A.689【正解②】
解説：昭和初期の宮城県は亜炭生産量が岐阜、山形に次いで全国3位。仙台市は青葉山と八木山から産出され、旧三本木町、栗原市に次ぐ宮城県内3位でした

A.690【正解④】

A.691【正解①】
解説：阿武隈川は福島県に源流域があります

A.692【正解④】
解説：2015年(平成27年)の国勢調査では、仙台市の平均年齢は44.3歳で第6位になりました。1位富谷市40.9歳、2位名取市43.1歳、3位利府町43.5歳、4位大和町43.6歳、5位多賀城市43.7歳(宮城県HPより)

A.693【正解③】
解説：参考として東北大学病院の診療科目は55です

A.694【正解④】

A.695【正解④】
解説：奈良時代の寺院建築における回廊を再現したガイダンス施設。平屋建て324㎡。展示室、作業・学習室、ボランティア室などがあります。休息棟は平屋建83㎡(文化財せんだいNO119号より)

A.696【正解③】
解説：1Fはパチンコ店、2Fは喫茶店、3Fは麻雀・ビリヤード、4Fは囲碁クラブ、地下は飲食店と理容室でした。2010年(平成22年)3月閉店

A.697【正解①】
解説：土木遺産は「歴史的に土木構造物の保存に資する目的」で、公益財団法人土木学会選考委員会が認定しています。2000年(平成12年)から認定制度が始まりました。平成28年度：四ツ谷用水、平成26年度：仙山線鉄道施設群、平成22年度：仙台市煉瓦下水道にそれぞれ認定されました(公益財団法人土木学会のHPより)

地元学

Q.698 仙台市内に七十七銀行の支店(ATMのみ及びローンセンターは除く)は何店舗営業していますか(2019年〈平成31年〉3月現在)。
　　①45店舗　　②55店舗　　③62店舗　　④72店舗

Q.699 河北新報朝刊の発行部数は何部でしょうか(2016年〈平成28年〉の1月～6月の平均)。
　　①35万部　　②45万部　　③55万部　　④65万部

Q.700 サンモール一番町にある野中神社は縁結びの神様として親しまれています。野中神社が「縁結び」と言われる由縁はどれでしょうか。
　　①政宗と愛姫が最初に出会った場所
　　②神社の敷地に町割りに使用した縄を埋めた
　　③出雲大社に縁のある神社だから
　　④伊達政宗時代に家臣等の婚儀が多く行われた

Q.701 青葉区八幡町の中島丁公園にある江戸時代後半の歴史的建造物を修復してできた多目的会場の名前は何と言いますか。
　　①八幡杜の館　　　②八幡天賞記念館
　　③八幡青葉記念館　　④八幡大崎記念館

Q.702 2019年〈平成31年〉2月1日現在、仙台市に住民登録している外国人は何人でしょうか。
　　①約7,500人　　②約1万3,000人
　　③約1万5,500人　　④約2万500人

正 解 と 解 説 ☞　　　　　　　　　　　　　　地元学

A.698【正解③】
　解説：青葉区25、宮城野区10、若林区7、太白区11、泉区9の62店舗

A.699【正解②】
　解説：2016年（平成28年）の1月〜6月の平均で、45万4,519部数　県内の約46%の世帯で購読しています（河北新報社HPより）

A.700【正解②】
　解説：仙台開府の際の、町割りの縄張りに使用した縄を集めて、埋めた場所に社を建てて祀りました。縄を結んだことから「結ぶ」に因み、縁結びの神として親しまれています

A.701【正解①】
　解説：旧天賞酒造の店舗を移築復元して2008年（平成20年）開館しました。中島丁公園は、2004年（平成16年）に天賞酒造が川崎町に移転することに伴って、市が土地と建物を買い取り、天賞酒造の庭園「天賞苑」の風情を残した公園として整備しました

A.702【正解②】
　解説：2019年（平成31年）2月1日現在の仙台市住民基本台帳によると、人口の1.2%にあたる1万2,983人（男性6,844人、女性6,139人）が住民登録しています（仙台市HPより）

上級編

歴史・史跡・伝統的工芸品

雑学1000題　上級

Q.703 伊達政宗公は豊臣秀吉の命により朝鮮に出兵しましたが、岩出山城から何人の軍勢を引き連れて出兵しましたか。
　①700人　　②1,000人　　③1,200人　　④1,500人

Q.704 青葉区片平の良覚院丁公園にある馬上蛎崎神社には伊達政宗公の愛馬が祀られています。愛馬の名前は何と言いますか。
　①五島　　②白石　　③松風　　④帝釈栗毛

Q.705 仙台藩二代目藩主伊達忠宗公が家督相続したのは何歳でしたか。
　①26歳　　②30歳　　③34歳　　④38歳

Q.706 仙台藩の武士（伊達家直臣、陪臣）は幕末時には何人でしたか。
　①約5,000人　　②約7,000人　　③約1万人　　④約1万5,000人

Q.707 支倉常長ら遣欧使節団が使用したサン・ファン・バウティスタ号の排水量は何tでしたか。
　①約300t　　②約500t　　③約700t　　④約900t

Q.708 泉区（旧根白石村）に住んでいた伊達政宗公の祖母の院号は何といいますか。
　①保春院　　②陽徳院　　③栽松院　　④天渓院

Q.709 仙台藩で最も長く務めた藩主は誰でしょうか。
　①初代政宗公　　②五代吉村公　　③六代宗村公　　④七代重村公

Q.710 片倉小十郎景綱は伊達政宗公より何歳年上でしたか。
　①7歳　　②10歳　　③13歳　　④16歳

Q.711 伊達政宗公は70歳で生涯を閉じましたが、法名は何と言いますか。

Q.712 支倉常長が伊達政宗公の命で慶長遣欧使節としてメキシコ、ヨーロッパを廻った期間は何年になりますか。
　①約4年　　②約6年　　③約8年　　④約10年

Q.713 仙台藩の領地は現在の宮城県全域と岩手県南部及び福島県浜通りで60万石、2万石は別の地域でした。どこにありましたか。
　①宇和島藩　　　　　　②米沢藩の一部
　③近江国と常陸国の飛び地　　④仙台藩江戸屋敷

正 解 と 解 説 ☞ ……… 歴史・史跡・伝統的工芸品

A.703【正解④】
　解説：1592年(天正20年)正月に1,500人の軍勢で岩出山城から出陣しました。実際に朝鮮まで出兵したのは1,300人程度でした(「仙台藩ものがたり」(河北新報社発行)より)

A.704【正解①】
　解説：馬上蠣崎(うばがみかきざき)神社の由来によると、老齢により大阪夏の陣で留守居を命じられたこと悲しみ、仙台城の崖から飛び降りて死亡した場所に墓と社を建てて祀ったとあります。白石は徳川家康、松風は前田利益、帝釈栗毛は加藤清正の愛馬

A.705【正解④】
　解説：政宗公が逝去後の1636年(寛永13年)に38歳で家督相続しました。正妻は池田輝政の娘(徳川秀忠の養女)振姫。1617年(元和3年)17歳で婚礼

A.706【正解③】
　解説：薩摩藩、長州藩と並び武士の数が多く、表高62万石ですが、実際は102万石程度であったのではないかといわれています。幕末時の仙台藩の家臣の総数は9,878人で、家族を含めると人口の23%〜26%が武士身分で占められていました(宮城教育大学機関リポジトリ『仙台藩の武士身分に関する基礎的研究』より)

A.707【正解②】
　解説：全長55m、幅11m、排水量500t。建造には45日間かけました(サン・ファン館HPより)

A.708【正解③】
　解説：保春院は母(義姫)、陽徳院は正妻(愛姫)、天渓院は側室(於山方)の院号

A.709【正解①】
　解説：伊達政宗公52年：1584年(天正12年)〜1636年(寛永13年)、伊達綱村公40年：1660年(万治3年)〜1703年(元禄16年)、伊達吉村公40年：1703年(元禄16年)〜1743年(寛保3年)、伊達重村公34年：1756年(宝暦6年)〜1790年(寛政2年)

A.710【正解②】
　解説：伊達政宗公は1567年(永禄10年)生まれ、片倉小十郎景綱は1557年(弘治3年)生まれ。1575年(天正3年)政宗公の近習となり以降、生涯にわたって仕えました。豊臣秀吉が大名に取り立てようとしましたが辞退しています。1615年(慶長20年)逝去

A.711【正解　貞山禅利大居士】

A.712【正解③】
　解説：出発は1613年(慶長18年)10月28日。1620年(天和6年)8月26日長崎に到着、同年9月22日仙台に帰国しました。常長以外使節団の24名中9名が現地に残ったとされています。残った理由は日本でキリスト教禁止令がでた、スペインの女性に好かれてそのまま現地で暮らしたなどの説があります

A.713【正解③】
　解説：近江国・常陸国にそれぞれ1万石ありました。飛び地は関ヶ原の戦いの恩賞という説が一般的です。仙台藩の公式の石高は62万56石5斗4升

歴史・史跡・伝統的工芸品

雑学1000題　上級

Q.714 仙台城の大広間には藩主の座る上段の間とは別に、上々段の間がありました。上々段の間は何のためにありましたか。
　　①出陣の時に藩主が座る　　②天皇、将軍が座る
　　③藩主の父が座る　　　　　④神々が座る

Q.715 伊達政宗公と同じ年に誕生した戦国武将は誰でしょうか。
　　①毛利元就　　②北条氏康　　③真田幸村　　④上杉謙信

Q.716 伊達政宗公は川村孫兵衛をある藩から迎え入れて、貞山堀や四ツ谷用水等の土木工事を成し遂げました。川村孫兵衛の出身はどこでしょうか。
　　①加賀藩　　②毛利藩　　③上杉藩　　④薩摩藩

Q.717 仙台藩は戊辰戦争で敗れて減封され、明治新政府からの要請で蝦夷地の開拓に活路を求めて集団移転を決意しました。仙台藩全体で何人蝦夷地に行きましたか。
　　①約4,500人　　②約7,500人　　③約1万500人　　④約1万5,500人

Q.718 仙台藩は戊辰戦争に敗れて、主戦派には切腹等の命が下り、1869年（明治2年）切腹しました。何人が切腹を命じられましたか。
　　①7人　　②9人　　③12人　　④15人

Q.719 幕末に、仙台藩を中心にして「奥州越列藩同盟」が結成されました。結成された場所はどこでしょうか。
　　①仙台城　　②米沢城　　③会津若松城　　④白石城

Q.720 伊達政宗公には何人の側室が居ましたか。
　　①3人　　②5人　　③7人　　④9人

Q.721 仙台藩の開府時1603年（慶長8年）の仙台城下の人口（武士、町人、商人などの合計）は何人でしょうか。
　　①約3万人　　②約5万人　　③約7万人　　④約10万人

Q.722 伊達政宗公が仙台城下を開府の時に米沢、岩出山などから寺院を移設したため飽和状態になりました。何か所ぐらいありましたか。
　　①130か所～150か所　　②150か所～170か所
　　③170か所～200か所　　④200か所～250か所

Q.723 サン・ファン・バウティスタ号で航海に出た支倉常長の遺欧使節団の出発時の乗組員の人数は何人でしたか。
　　①約90人　　②約120人　　③約150人　　④約180人

正 解 と 解 説 ▶ ········ 歴史・史跡・伝統的工芸品

A.714【正解②】
解説：大工棟梁の千田家に伝わる仙台城の姿絵図に上々段が描かれています。これは仙台市文化財課が行った2001年(平成13年)～2009年(平成21年)発掘調査の成果とほぼ一致します(仙台市HPより)

A.715【正解③】
解説：毛利元就1497年(明応6年)、北条氏康1515年(永正12年)、真田幸村1567年(永禄10年)、上杉謙信1530年(享禄3年)

A.716【正解②】
解説：長門国阿武(山口県萩市)出身です

A.717【正解①】
解説：4,512人が蝦夷地の開拓に集団移転しました。それぞれ角田278人、亘理2,648人、岩出山612人、白石851人、柴田123人。現在の北海道伊達市等が中心でした

A.718【正解②】
解説：切腹の他に、閉門、家督没収等の刑が下り、57人が処罰を受けました

A.719【正解④】
解説：白石列藩会議。朝敵とされた会津藩、庄内藩を救うため、平和裡の解決を試みましたが、両藩への赦免嘆願が却下されたため、会津征討中止の建白書を作成し、軍事同盟と方向転換しました

A.720【正解③】
解説：記録に残っている子どもを生んだ側室だけで7人いました

A.721【正解②】
解説：おおよそ1万1,000戸で人口は約5万人でした

A.722【正解④】
解説：文献によって若干の違いはあるが200か所～250か所といわれています

A.723【正解④】（仙台市史 通史編 近世1より）

歴史・史跡・伝統的工芸品 　雑学1000題

Q.724 伊達政宗公の乳母の名前は何といいますか。
　　①お福　　②養徳院　　③大姥局　　④喜多

Q.725 伊達政宗公は慶長遺欧使節団の正使として誰を任命しましたか。
　　①ディエゴ・デ・サンタ・カタリーナ　　②ゼバスティアン・ビスカイノ
　　③アンドレス・デ・ウルダネータ　　④ルイス・ソテロ

Q.726 仙台藩出身の「富田鉄之助」はどんな経歴の人でしょうか。
　　①海軍大将　　②大蔵大臣　　③東京大学学長　　④日本銀行総裁

Q.727 支倉常長の正式な名前は何といいますか。
　　①支倉半兵衛常長　　②支倉太郎佐衛門常長
　　③支倉六右衛門長経　　④支倉嘉兵衛常長

Q.728 林子平は江戸時代後期に海防の重要性を説いた人物で、色々な著作があります。次のうち林子平の著作でないものはどれですか。
　　①三国通覧図説　　②海国兵談　　③赤蝦夷風説考

Q.729 青葉神社の御祭神、伊達政宗公の神号（神様としての名）を何と言いますか。
　　①武振彦命（たけふるひこのみこと）
　　②別雷命（わけいかづちのみこと）
　　③倉稲魂神（うかのみたま）
　　④東照大権現（とうしょうだいごんげん）

Q.730 大崎八幡宮は1871年（明治4年）の近代社格制度がなされてから大崎八幡神社と改称されました。再度大崎八幡宮と復したのはいつからですか。
　　①1945年（昭和20年）　　②1975年（昭和50年）
　　③1989年（平成元年）　　④1997年（平成9年）

Q.731 瑞鳳殿にある「弔魂碑」は誰を弔うために建てた碑でしょうか。
　　①戊辰戦争で犠牲になった仙台藩士
　　②人取の戦いで犠牲になった仙台藩士
　　③仙台城の築城で無くなった人足
　　④関ヶ原の戦いで犠牲になった仙台藩士

Q.732 定義如来西方寺は今から何年前に創建されたでしょうか。
　　①約200年前　　②約300年前　　③約400年前　　④約500年前

正解と解説 ☞ ……… 歴史・史跡・伝統的工芸品

A.724【正解④】
解説：喜多は片倉小十郎景綱の異父姉で、茂庭綱元の異母姉です。独身の喜多は、乳母というよりも教育係でした

A.725【正解④】
解説：伊達政宗公は親しい宣教師ルイス・ソテロを正史に任命して、支倉常長に同行させました

A.726【正解④】
解説：明治維新から大正時代に活躍。第二代日本銀行総裁、東京府知事を歴任しました

A.727【正解③】
解説：幼名を與一、元服し支倉六右衛門長経。伯父支倉時政の養子となり支倉姓を継いでいます。「常長」の名は常長の死後支倉家が一時断絶し、再興した後に編纂された系図に初めて登場します

A.728【正解③】
解説：「赤蝦夷風説考」は江戸時代中期の仙台藩江戸詰の藩医で経世家工藤平助がロシアとの交易を説いた本

A.729【正解①】

A.730【正解④】
解説：1871年(明治4年)大政官布告の近代社格制度によって、大崎八幡神社と改称されましたが、鎮座400年を境に大崎八幡宮に復しました

A.731【正解①】
解説：戊辰戦争と函館戦争での殉難者の霊を弔うため、1877年(明治10年)に十四代藩主(三十代当主)伊達宗基と旧仙台藩士が出資し建立しました

A.732【正解②】
解説：1198年(建久9年)に平貞能の家臣が墓上に小堂を建て阿弥陀如来像を安置しました。その後1706年(宝永3年)に小堂を建てた家臣の孫が出家し、極楽山西方寺として創建しました(定義如来HPより)

歴史・史跡・伝統的工芸品

Q.733 左甚五郎は日光東照宮では「眠り猫」を彫りました。大崎八幡宮では何を彫りましたか。
　　①笑う猫　　②ほえる猫　　③寝る猫　　④にらみ猫

Q.734 愛宕山には、愛宕神社と大満寺虚空蔵堂が並んで建立されています。愛宕神社拝殿脇にある上半分が雷で焼失した大きな杉の名前は何と言いますか。
　　①幸福杉　　②夫婦杉　　③子宝杉　　④魔除け杉

Q.735 定義如来西方寺の宗派は何ですか。
　　①真言宗　　②日蓮宗　　③臨済宗　　④浄土宗

Q.736 大崎八幡宮の拝殿にある彫刻を彫った刑部佐衛門国次はどこの藩の出身ですか。
　　①毛利藩　　②紀州藩　　③薩摩藩　　④尾張藩

Q.737 伊達家の九代藩主伊達周宗公、十一代藩主伊達斎義の霊廟はどこですか。
　　①瑞鳳殿　　②無尽灯廟　　③宝華林廟　　④妙雲界廟

Q.738 大崎八幡宮の鳥居に飾られている「扁額（へんがく）」の八の文字を描いている鳥はどれですか。
　　①鷲（ワシ）　　②雀（スズメ）　　③鳩（ハト）　　④鶯（ウグイス）

Q.739 「慶長遣欧使節関係資料」のうち、世界記憶遺産に日本側から登録された品々は3つです。次の中で1つだけ違うものはどれですか。
　　①国宝ローマ市公民権証書　　②国宝支倉常長像
　　③伊達政宗から書状　　　　　④国宝ローマ教皇パウロ5世像

Q.740 伊達政宗公は仙台城を普請する為に大勢の人足を雇いました。その人数は延べ何人でしょうか。
　　①約10万人　　②約50万人　　③約100万人　　④約200万人

Q.741 政宗公は仙台城に天守閣を築きませんでした。その理由は何でしょうか。
　　①伊達政宗公が徳川家康公に気をつかった為
　　②築造費が枯渇した為
　　③仙台城は山城であった為に必要なかった
　　④地盤が悪く天守閣を築造すると傾く可能性が高かった為

正解と解説 ☞ ……… 歴史・史跡・伝統的工芸品

A.733【正解④】
解説：後に伝説上の左甚五郎のモデルとなったといわれている刑部左衛門国次（おさかべさえもんくにつぐ）が拝殿の内部蟇股（かえるまた）の彫刻しました日光東照宮と同じ構図です

A.734【正解②】
解説：樹齢約500年の老杉が夫婦杉と呼ばれています

A.735【正解④】
解説：源空円光大師（法然上人）によって開帳された宗派

A.736【正解②】
解説：仙台藩が普譜を手がけた日光東照宮の仕事ぶりが認められ、江戸城、上野寛永寺などの大造営を行いました（大崎八幡宮HPより）

A.737【正解④】
解説：青葉区経ヶ峰にある妙雲界廟です

A.738【正解③】
解説：扁額は五代藩主吉村公の筆です

A.739【正解③】
解説：2013年（平成25年）6月開催されたユネスコ世界遺産審議会において、スペインとの共同推薦で使節が持ち帰った貴重な資料が正式に登録されました。スペイン側からは「支倉常長がフェリペ3世に宛てた書状」など94件が登録されていますが、セビリア市長宛の政宗公からの書状（セビリア図書館蔵）は登録物件には入っていません

A.740【正解③】
解説：人足の給金は1人1日当たり、米7合5勺（約1kg）、人足には15歳から75歳までの男子が雇われました

A.741【正解①】
解説：時の天下人徳川家康公を始めとした幕府に対して、警戒心を抱かせないために、気を使って築造しなかったといわれています

歴史・史跡・伝統的工芸品

雑学(ざつがくせんだい)1000題

Q.742 日本の水力発電発祥の地である三居沢発電所は、いつできた施設ですか。
①1871年(明治4年・廃藩置県で仙台県が置かれた)
②1888年(明治21年・市制・町村制が公布)
③1900年(明治33年・市内に電話が開通した)
④1909年(明治42年・仙台瓦斯株式会社が創立した)

Q.743 仙台藩には「御仲下改所」(おすあいしたあらためところ)が城下の入り口にあったと言われおり、堤町に跡地を示す看板があります。「御仲下改所」は何をする所でしたか。
①城下に持ち込まれた品の税を徴収するところ
②城下に入る人々を検問するところ
③城下に持ち込まれる年貢米を吟味するところ
④城下に持ち込まれる武具等を検査するところ

Q.744 定義如来西方寺にある建物を、建立した年が古い順番に並べてみました。正しいのはどれですか。
①山門、貞能堂、五重塔、本堂　　②貞能堂、山門、五重塔、本堂
③本堂、山門、貞能堂、五重塔　　④五重塔、本堂、貞能堂、山門

Q.745 仙台藩の処刑場が七北田に移されたのが1690年(元禄3年)ですが、いつ頃まで運用されていましたか。
①明治初期　　②明治中期　　③明治末期　　④大正末期

Q.746 仙台城を築城するのに要した年数は何年ですか。
①約5年　　②約8年　　③約11年　　④約13年

Q.747 西公園の一角、仙台大橋のたもとに、1971年(昭和46年)に建てられたキリシタン殉教碑があります。碑には3人の銅像が並んでいて真ん中は神父ですが、あとの2人は誰でしょうか。
①殿様と武士　　②宣教師と武士　　③宣教師と農民　　④武士と農民

Q.748 仙台三十三観音の第一番札所はどこでしょうか。
①法楽院観音堂　　②増上山大願寺観音堂
③陸奥国分寺観音堂　　④経部山大蔵寺観音堂

Q.749 次の中で平成27年度に仙台市内で「奥の細道の風景地」として名勝指定された2か所はどこでしょうか。
①木の下及び薬師堂　　②定義如来像及びその周辺
③つゝじが岡及び天神の御社　　④北山五山と青葉神社

正解と解説 ☞ ········ 歴史・史跡・伝統的工芸品

A.742【正解②】
解説：最初の発電設備は1888年(明治21年)にできました。現在は1909年(明治42年)に運転開始した第3号で発電しています。発電所関係機器、資料群が日本機械遺産に登録されています

A.743【正解①】
解説：仲(すあい)は、物品売買の仲介業、またはその仲介料のこと。他領及び領内に移出入する商品に課せられた取引税を徴収するところで、現在の税関の役割です。仙台城下東西南北(河原町、八幡町、原ノ町、堤町)に設けられていたと伝わりますが、堤町以外には史料がなく確認されていません

A.744【正解②】
解説：貞能堂は1198年(建久9年)、山門は1932年(昭和7年)、五重塔は1986年(昭和61年)、本堂は1999年(平成11年)に建立

A.745【正解①】
解説：仙台藩の処刑場は花壇、米ヶ袋、七北田と移転しています。 七北田刑場は1690年(元禄3年)から178年間処刑場として使用され、5,300人とも7,000人ともが処刑されたといわれています。県道仙台泉線の道路脇に刑場跡地の看板があります

A.746【正解③】
解説：1600年(慶長5年)12月に城の縄張りを行い、翌年1月に普請を開始、1602年(慶長7年)には一応の完成を見ました。本丸大広間は1610年(慶長15年)に完成しました

A.747【正解④】
解説：1624年(元和10年)迫害によって、9名の殉教者が大橋の下で拷問を受けて殺害された事件を後世に伝えるために建立されました。中央がガルバリオ神父、左に武士、右に農民の殉教者の像です

A.748【正解①】
解説：青葉区川内亀岡町にあります。②は七番札所、③は二十五番札所、④は三十三番札

A.749【正解①と③】
解説：2015年(平成27年)に追加指定を受けました。県内からは岩沼市「武隈の松」、多賀城市「壺碑」「興井」「末の松山」、塩竈市「籬が島」と合わせて7か所が指定されています(宮城県HPより)

歴史・史跡・伝統的工芸品

Q.750 泉ヶ岳の水神登山コースの途中に「水神の碑」があります。何の為に造営されたものですか。
　　　①七北田川の洪水防止　　　　②七北田流域農耕地の渇水を避ける為
　　　③登山者の飲料水補給地として　④地域住民の水難事故防止の為

Q.751 伊達政宗公の墓が瑞宝殿の他にもう1か所確認されています。どこにありますか。
　　　①永平寺　②善光寺　③高野山奥の院　④南禅寺

Q.752 仙台市内では特に規模が大きく古い部類に入る富沢遺跡は今から何年前のものでしょうか。
　　　①約3,000年前（縄文時代晩期～弥生時代初期）
　　　②約5,000年前（縄文時代中期）
　　　③約1万年前（縄文時代早期）
　　　④約2万年前（旧石器時代）

Q.753 歌人原阿佐緒の碑が仙台市内にあります。それはどこでしょうか。
　　　①三神峰公園　　②台原森林公園
　　　③榴岡公園　　　④大年寺山公園

Q.754 「かむりの里」伝説のある地域はどこでしょうか。
　　　①太白区生出地域　　②宮城野区岩切地域
　　　③泉区根白石地域　　④青葉区作並地域

Q.755 次にあげる神社の中に仙台三石鳥居でない神社があります。それはどこでしょうか。
　　　①仙台東照宮　②亀岡八幡宮　③大崎八幡宮　④榴岡天満宮

Q.756 宮城野区燕沢にある「横穴古墳群」はある寺院の敷地の中にあります。それはどこでしょうか。
　　　①善応寺　②善修寺　③大連寺　④運山寺

Q.757 伊達家墓所で、第四代藩主綱村公が葬られている霊廟の名前は何と言いますか。
　　　①宝華林廟　②無尽灯廟　③瑞鳳殿　④善応殿

Q.758 大年寺山公園にある黄檗宗の禅寺大年寺は、第四代藩主綱村公が鉄牛和尚を招いて開きました。「惣門」の扁額に書かれている言葉はどれですか。
　　　①吟龍　②千種豊国　③東桑法窟　④三祥志

正 解 と 解 説　　……… 歴史・史跡・伝統的工芸品

A.750【正解②】
解説：七北田川流域の人々が雨乞いの為に1895年（明治28年）に建てました

A.751【正解③】
解説：弘法大師の足元で眠ると極楽往生できるという信仰により、名だたる武将や大名の墓（供養塔）が高野山奥の院にあります。政宗公を始め仙台藩歴代藩主の墓もあります

A.752【正解④】
解説：地層ごとに2万年前の後期旧石器時代から、近世の遺跡が発掘されています。特に2万年前の人類の活動痕跡と、それを取り巻く自然環境がともに発見された世界的に例がない遺跡です（仙台市HPより）

A.753【正解④】
解説：原阿佐緒は1888年（明治21年）大和町生まれ。大年寺山公園の野草園の入り口にあります。1961年（昭和36年）に除幕されました

A.754【正解③】
解説：NHKの朝の連続ドラマ「天花」の舞台になった根白石地域には古くから北に向う街道として利用され、古い町並みが残っています（宮城観光連盟発行「ウエルカムみやぎ観光ガイドブック2017年」より）

A.755【正解④】
解説：鳥居は神社などで神域を俗界と分けるために立てられているもので、石で出来た鳥居を特に石鳥居といいます。仙台三石鳥居は、仙台東照宮、亀岡八幡宮、大崎八幡宮を指します

A.756【正解①】
解説：1967年（昭和42年）までの発掘調査で、100基を超えると推定されています

A.757【正解②】
解説：他に、五代藩主吉村公、十代藩主斉宗公、十二代藩主斉邦公が葬られています

A.758【正解③】
解説：1696年（元禄9年）伊達綱村公が鍬入れをし、この地を開きました。惣門は1716年（享保14年）頃に伊達吉村公によって建立。「東桑法窟」は鼓山道霈直筆、「日本の東の仏法の中心地である」という意味です（両足山大年禅時HPより）

歴史・史跡・伝統的工芸品

Q.759 奥州仙臺七福神のうち弁才天が祀られているのはどこでしょうか。
　　　①喜福山玄黄光庵　　②金光山満福寺
　　　③天総山林香院　　　④医王山鈎取寺

Q.760 仙台市博物館に保存されている収蔵資料で、歴史資料の国宝第1号の指定を受けたものがあります。次の中でどれですか。
　　　①伊達政宗公の鎧・兜一式
　　　②伊達政宗公の書状一式
　　　③慶長遣欧使節団の資料
　　　④伊達政宗公のまちづくり資料

Q.761 伊達政宗公の時代に築造された貞山運河(掘)の名前の由来は何でしょうか。
　　　①事業を実施した棟梁の名前から
　　　②伊達政宗公の諡(おくりな)から
　　　③藩政時代に工事した地域の貞山という地名から
　　　④伊達政宗公が計画の時に貞山掘堰と命名した

Q.762 フォーラスビルの屋上にある和霊神社の由来について、次の中で正しいものはどれですか。
　　　①山家公頼家の屋敷がもともと一番町にあったので勧請して分霊した
　　　②宇和島市から依頼で分霊した
　　　③七夕祭りの由来に起因するので勧請して分霊した
　　　④太平洋戦争の戦後復興のため勧請して分霊した

Q.763 「堤人形」は日本三大土人形の1つです。次の中で日本三大土人形に入っていないものはどれですか。
　　　①伏見人形(京都)　　②古賀人形(長崎)　　③信楽人形(滋賀)

Q.764 仙台市の伝統的工芸品に「仙台埋木細工」があります。この工芸に使う埋木は何年ぐらい前に埋もれた木を使うでしょうか。
　　　①約50万年前　　②約100万年前
　　　③約250万年前　　④約500万年前

Q.765 仙台平は藩政時代から続く伝統の織物ですが、仙台藩の何代藩主によって振興されたでしょうか。
　　　①初代藩主伊達政宗公　　②二代藩主伊達忠宗公
　　　③三代藩主伊達綱宗公　　④四代藩主伊達綱村公

正解と解説 ☞　……… 歴史・史跡・伝統的工芸品

A.759【正解③】
解説：若林区新寺にある林香院で祀っています。弁才天は学問、技能、芸術、財利、音楽等の守り神と言われています。
えびす神：藤崎えびす神社（一番町）　　大黒天：秀林寺（北山）
寿老尊（寿老人）：玄光庵（通町）　　　毘沙門天：満福寺（荒町）
福禄寿：鍵取寺（鍵取）　　　　　　　　布袋尊：福聚院（門前町）
（リビング仙台（2018年1月27日）より）

A.760【正解③】
解説：2001年（平成13年）に指定されました

A.761【正解②】
解説：諡は身分高い人の業績に対して死後、その業績を讃えて贈った呼び名のこと。贈り名。
貞山運河（貞山堀）は1597年（慶長2年）から空白の時期を経て1884年（明治17年）に完成しました

A.762【正解①】
解説：総本社は愛媛県宇和島市。和霊騒動で死罪になった山家公頼の怨霊を鎮めるために出来た神社で、四国、中国地方に多くあります。山家公頼の屋敷が元々一番町にあり、社を建てて祀っていましたが、1883年（明治16年）に立町に、1973年（昭和48年）に台原に遷りました。その後商店街の活性化のため、台原の和霊神社からフォーラスビルに分霊されました

A.763【正解③】
解説：信楽焼き（滋賀）にも陶人形はありますが、三大土人形ではありません

A.764【正解④】
解説：約500万年前の火山灰の中に埋もれているメタセコイヤの大木を使います。仙台では青葉山、八木山の亜炭層の中から見つかっています。現在は、採取は行われておらず、以前に採取したものを使っています

A.765【正解④】
解説：四代藩主綱村公が、地場産業の振興を推進する為に京都西陣から職工を招いて織らせた袴生地が起源とされます。甲田榮祐、甲田綾郎は、二代続けて重要無形文化財保持者（人間国宝）です（仙台平HPより）

歴史・史跡・伝統的工芸品

雑学1000題 上級

Q.766 仙台箪笥は三位一体で作られています。次の中で三位一体に関係のないものはどれですか。
　　　　①指物(木地)　　②塗り　　③金具　　④形状(形)

Q.767 伊達政宗公が岩出山時代に命じて創った伝統的工芸品はどれでしょうか。
　　　　①切込焼き　　②鳴子漆器　　③岩出山しの竹細工　　④中新田打刃物

Q.768 宮城県の伝統的工芸品に指定されている「仙台張子(松川だるま)」の創始者は誰でしょうか。
　　　　①斎藤善右衛門　　②松川豊之進　　③上村万右衛門　　④梅村日向

Q.769 秋保工芸の里には9つの工房があります。次の中で伝統的工芸品に指定されていない工房はどれですか。
　　　　①伝統こけし　　②埋木細工　　③仙台箪笥　　④染織物

Q.770 仙台堆朱は明治の末期に伝わったと言われていますが、その時の工人は誰ですか。
　　　　①川崎栄之丞　　②奥田孫太夫　　③上村万右衛門　　④寺坂吉右衛門

Q.771 高橋胞吉が作った「胞吉(えなきち)こけし」はどんな特徴をもっていますか。
　　　　①創作こけしの一種　　②頭が大きく胴体が細くなる
　　　　③首を回すと音が出る　　④黒と赤2色で描くこけし

Q.772 宮城県の伝統的工芸品である玉虫塗が出来たのはいつごろでしょうか。
　　　　①明治初期　　②明治中期　　③明治末期～大正初期　　④昭和初期

正 解 と 解 説 ☞ ········ 歴史・史跡・伝統的工芸品

A.766【正解④】
解説：仙台箪笥の三位一体は「木地」「塗り」「金具」を指します。指物師、塗師、彫金師の三者の技術の結晶となります。木地はケヤキ材を使用

A.767【正解②】
解説：鳴子漆器は伊達政宗公の命で創りだされ、寛永年間(1624年〜1643年)に岩出山三代城主伊達敏親が振興を図りました。切込焼は詳しい創業時期は不明ですが江戸末期1844年〜60年頃に全盛となりました。岩出山しの竹細工は岩出山四代城主伊達村泰が奨励しました。中新田打刃物は寛文年間(1661〜1673年)に刀匠舟野五郎兵衛が創始しました(大崎市HPより)

A.768【正解②】
解説：天保年間(1830年〜1844年)に仙台藩士松川豊之進によって創始されました。松川だるまは着色と表情が統一された絢爛たる工芸品です

A.769【正解④】

A.770【正解①】
解説：新潟の村上堆朱工人が堆朱の技法を伝えたことで基礎が築かれました。彫刻を能率化するために開発された型押による工法が特徴。2011年(平成23年)にグッドデザイン賞受賞。宮城県指定伝統的工芸品(宮城県HPより)

A.771【正解④】
解説：黒と赤の2色だけで描彩したシンプルなデザインが特徴

A.772【正解④】
解説：伝統的工芸品としては比較的新しく1932年(昭和7年)に国立東北工芸指導所から創意工夫によって出来た工芸品。漆器本来の木堅地下地全面に銀粉を蒔き、特殊な染料を加えた漆で塗り上げます。木製素地や木乾漆素地に塗装を重ねて仕上げることで玉虫の羽に似た色調と光沢がみられます

観光・伝統行事・イベント

Q.773 作並温泉 湯のまち作並の観光交流館「ラサンタ」には源泉掛け流しの足湯があります。「足湯」の名前は何と言いますか。
　　　①美足の湯　　②健康の湯　　③美脚の湯　　④素肌の湯

Q.774 青葉区柳町通にある赤い提灯が飾られた大日如来は、ある干支の守り本尊です。境内にはその干支の動物の像があります。何でしょうか。
　　　①馬と鼠　　②羊と猿　　③犬と牛　　④蛇と虎

Q.775 2017年(平成29年)度の統計で、仙台市を訪れた外国人は約16万800人でした。最も多く訪れた国はどこでしょうか。
　　　①アメリカ合衆国　　②中国　　③韓国　　④台湾

Q.776 作並温泉の泉質はどれですか。
　　　①単純泉　　②弱塩泉
　　　③硫酸塩泉　　④酸性・含硫黄・アルミニウム・硫酸塩塩化物泉

Q.777 仙台市交通局では市バスや地下鉄のお得な乗車券制度があります。次の中で1つだけ制度にないものがあります。それはどれですか。
　　　①市バス一日乗車券　　②地下鉄一日乗車券
　　　③るーぷる仙台一日乗車券
　　　④るーぷる仙台・地下鉄共通一日乗車券
　　　⑤市バス・地下鉄共通一日乗車券

Q.778 毎年9月に開催される「定禅寺ストリートジャズフェスティバルin仙台」の第1回目が開催されたのは何年でしょうか。
　　　①1991年(平成3年・仙台サンプラザ開館)
　　　②1995年(平成7年・第2回若い音楽家のためのチャイコフスキー国際コンクール開催)
　　　③2001年(平成13年・第1回仙台国際音楽コンクール開催)
　　　④2005年(平成17年・地下鉄東西線の工事に着手)

Q.779 毎年10月中旬に2日間開催される「みやぎまるごとフェスティバル」はどんなイベントでしょうか。
　　　①宮城県で生産される工業製品の展示・即売会
　　　②宮城県の伝統工芸品の実演・体験・展示・即売会
　　　③宮城県の食材や食文化・職人の技を飲食・展示・即売会
　　　④宮城県出身のお笑い芸人のライブとサイン会

正解と解説 ☞　　　……… 観光・伝統行事・イベント

A.773【正解①】

A.774【正解②】
解説：大日如来は未と申年生まれの守り本尊です

A.775【正解④】
解説：2017年(平成29年)度統計で、1位が台湾6万3,969人、2位は中国(香港を除く)3万108人、3位はアメリカ1万6,654人、4位はタイ9,774人、5位は韓国7,937人

A.776【正解①】
解説：泉質が良いので美女づくりの湯ともいわれています

A.777【正解⑤】
解説：市バス一日乗車券：仙台駅から260円区間で大人640円、仙台駅から350円区間で大人980円
地下鉄一日乗車券：全日用大人840円、休日用大人620円
るーぷる仙台一日乗車券：大人620円
るーぷる仙台地下鉄共通一日乗車券：大人900円
各乗車券とも小児半額、施設割引(乗車券によって利用できる施設が異なる)が受けられます

A.778【正解①】

A.779【正解③】
解説：2019年(平成31年)で20回目を迎える食材や食文化・職人の技が一堂に会するイベントです。宮城県、仙台市、JA宮城中央会などが主催しています(宮城県HPより)

観光・伝統行事・イベント

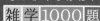

Q.780 定禅寺通以外で光のページェントを行っている場所があります。どこでしょうか。
　　①三井アウトレットパーク仙台港
　　②錦ヶ丘ヒルサイドモール
　　③仙台泉プレミアム・アウトレット
　　④ザ・モール仙台長町

Q.781 仙台市内にある多目的ホールで最も古い施設どれでしょうか。
　　①トークネットホール仙台（市民会館）
　　②仙台サンプラザ
　　③東京エレクトロンホール宮城（県民会館）
　　④電力ホール

Q.782 2003年（平成15年）から始まった「せんだいデザインリーグ　卒業設計日本一決定戦」には、3つの大会のコンセプトがあります。次のうち違うものはどれですか。
　　①公平性　　②公開性　　③求心性　　④実現性

Q.783 2015年（平成27年）〜2017年（平成29年）の過去3年間の平均で「定禅寺ストリートジャズフェスティバルin仙台」に参加団体は何団体でしょうか。
　　①約550団体　　②約650団体　　③750団体　　④約850団体

Q.784 青葉区一番町の三社祭りは毎年7月下旬に行われますが、次の中で三社祭りに入らない神社はどこですか。
　　①えびす神社　　②和霊神社　　③金蛇水神社　　④野中神社

Q.785 2009年（平成21年）から始まった「天空のゆりガーデン」は仙台市内のどこで行われるイベントですか。
　　①太白山　　②蕃山　　③青葉山　　④泉ヶ岳

Q.786 東日本大震災で犠牲となった多くの方の鎮魂のために、2011年（平成23年）に仙台市から始まったイベントの名前は何と言いますか。
　　①東北六魂祭　　②仙台鎮魂祭　　③東日本六魂祭　　④東北鎮魂祭

Q.787 仙台市消防団の出初式はいつごろから始まりましたか。
　　①明治の始め　　②明治の終わり
　　③昭和の始め　　④終戦後の昭和21年から

Q.788 仙台七夕で飾られる竹飾りの本数は何本でしょうか。
　　①約1,000本　　②約3,000本　　③約5,000本　　④約8,000本

正解と解説 👉 ········ 観光・伝統行事・イベント

A.780【正解③】
解説:「光のページェントin泉パークタウン」の名前で、2016年(平成27年)からロイヤルパークホテル、泉プレミアムアウトレットとその周辺エリアで実施されています。平成30年度は2018年(平成30年)11月1日から2019年(平成31年)3月末まで。10万個のLED球が使用され、18:00、19:00、20:00の3回のスターライトウィンクも同様に行われています

A.781【正解④】
解説:電力ホールは1960年(昭和35年)、市民会館は1973年(昭和48年)、サンプラザは1991年(平成3年)、県民会館は1964年(昭和39年)竣工。その他に1960年(昭和35年)に完成した東北大学川内萩ホールが、2008年(平成20年)から一般にも貸し出しています

A.782【正解④】
解説:全国の建築を学ぶ学生の卒業設計作品を一同に会し、公開審査によって日本一を決める大会です。仙台建築都市学生会議が主催し、仙台メディアテークを会場に開催されています(せんだいデザインリーグ 卒業設計日本一決定戦HPより)

A.783【正解③】
解説:平均750団体(2015年:730団体、2016年:760団体、2017年:756団体)が全国各地から参加しています

A.784【正解③】
解説:えびす神社(おおまち商店街)、和霊神社(一番町商店街)、野中神社(サンモール一番町)の三町合同のお祭り。金蛇水神社は四丁目商店街のため含まれません

A.785【正解④】
解説:泉ヶ岳のスプリングバレースキー場で、7〜8月に15万株のゆりの花が見られます

A.786【正解①】
解説:2011年(平成23年)7月に仙台市から始まり、2016年(平成28年)青森市でで東北一巡しました。2017年(平成29年)からは、「東北絆まつり」と名前を変えて再スタート(仙台市HPより)

A.787【正解①】
解説:正確な記録は残っていませんが、1884年(明治17年)1月7日付けの奥羽日日新聞に記事として取り上げられています。藩政時代の町火消しから続く梯子乗りの技は現在まで受け継がれています。2017年(平成29年)に仙台の無形民俗文化財に指定

A.788【正解②】
解説:毎年、市内中心部と周辺部商店街をあわせて約3,000本もの竹飾りが飾られます

観光・伝統行事・イベント 雑学1000題 上級

Q.789 青葉区大沢地域の田植踊はどんな趣向を凝らしていますか。
　　①男性が裸で踊る
　　②男性が女装して早乙女になる
　　③太鼓を使わず笛で踊る
　　④女性が男装して踊る

Q.790 宮城野区岩切にある青麻神社は全国の青麻神社の総本社です。青麻神社を参拝するとある願いごとがかなうといわれています。それは何でしょうか。
　　①海上安全　②交通安全　③安産祈願　④家内安全

Q.791 秋保地区に伝わる伝統芸能「秋保の田植踊」は1976年(昭和51年)に国の指定を受けています。何の指定でしょうか。
　　①重要有形民俗文化財　　②登録有形民俗文化財
　　③重要無形民俗文化財　　④重要無形文化財

Q.792 若林区にある七郷神社で、1927年(昭和2年)に神楽殿が建立されてから毎年「丹波神楽」が奉納されています。「丹波神楽」はどこの神社から伝承されたものですか。
　　①白山神社(木の下)　　②青麻神社(岩切)
　　③青葉神社(通町)　　　④大崎八幡宮(八幡町)

Q.793 仙台の初売りはある公的機関から正式に認められた伝統行事ですが、その公的はどこですか。
　　①総務省　②経済産業省　③警察庁　④公正取引委員会

Q.794 仙台七夕に飾る巾着(財布)はどんな願いをするために吊り下げますか。
　　①厄除け　　　　②商売繁昌
　　③家内安全祈願　④豊作・豊漁

Q.795 仙台七夕に飾る紙衣はどんな願いをするために吊り下げますか。
　　①衣類や身のまわり品を大事にする
　　②子どもがたくさん授かるように
　　③衣類など不自由しないように
　　④病気・災難からの魔除け

203

正解と解説 ☞ ········ 観光・伝統行事・イベント

A.789【正解②】
解説：男性が振袖姿の早乙女になり口紙で口と鼻を覆い、造花のついた花笠をかぶります(仙台市HPより)

A.790【正解①】
解説：社家の穂積氏が水運に携わっていたことから海上安全の信仰があります

A.791【正解③】
解説：1976年(昭和51年)に国の重要無形民俗文化財に指定。風俗慣習、民俗芸能、民俗技術を対象にしており、宮城県内では6件(米川の水かぶり、小迫の延年、等)が指定を受けています(文化庁HPより)

A.792【正解①】
解説：1927年(昭和2年)に当時の氏子が白山神社の丹波神楽の伝授を受けました

A.793【正解④】
解説：仙台初売りは豪華景品の特典をつけて販売します。これは景品表示法に抵触する可能性があるので、公正取引委員会が伝統行事という事で旧仙台藩領内に限り3日間だけ認めています

A.794【正解②】
解説：巾着は財布も表し、節約・貯蓄の心を養い、無駄遣いを戒めています。商売繁昌、金運の上昇を目指します

A.795【正解④】
解説：紙衣は神衣とも言い、人形(ヒトガタ)を吊り下げる場合は災難からの身代わりの意味があります。また、裁縫の上達を願って飾ることもあります

芸術・文化

Q.796 仙台市に2018年（平成30年）4月オープンした東北初の常設寄席の名前は何と言いますか。
①みちのく寄席仙台座　②せんだい寄席青葉座
③魅知国定席花座　　④六華亭寄席杜の座

Q.797 仙台市のPRとシティーセールスの一助で、テレビアニメシリーズの「Wake up Girls!」がある事業に期間限定で使用されていました。それは何でしょうか。
①仙台ごみ減量大作戦
②仙台デザインマンホールプロジェクト
③仙台いじめ撲滅キャンペーン
④仙台宮城観光ディスティネーションキャンペーン

Q.798 宮城県美術館に併設されている「佐藤忠良記念館」がオープンしたのはいつですか。
①1981年（昭和56年・戦災復興記念館開館）
②1990年（平成2年・青年文化センター、科学館開館）
③1995年（平成7年・チャイコフスキー国際コンクール開催）
④2000年（平成12年・仙石線地下新線開業あおば通駅開設）

Q.799 2002年（平成14年）に仙台市が整備した「せんだい演劇工房10-BOX」のコンセプトはどれでしょうか。
①人材育成をしながら演劇を楽しむ空間
②仙台から新しい演劇を発信する空間
②芸術文化の発信基地としての空間
④試しながらじっくり演劇を創る空間

Q.800 仙台フィルハーモニー管弦楽団が結成されたのはいつですか。
①1961年（昭和36年・仙台市博物館開館）
②1973年（昭和48年・市民会館開館）
③1989年（平成元年・政令指定都市としてスタート）
④1996年（平成8年・地底の森ミュージアム開館）

Q.801 伊達政宗公を主役としたテレビドラマがこれまでに4本制作されていますが、次の中で1人だけ演じていない人がいます。それは誰でしょうか。
①藤田まこと　②高橋英樹　③柴田恭兵　④椎名桔平

Q.802 1987年（昭和62年）にNHKテレビで放映された大河ドラマ「独眼流政宗」の脚本家は誰でしょうか。
①井上由美子　②ジェームス三木　③田淵久美子　④林真理子

正解と解説 ☞ ・・・・・・・・・・・・・・・・・・・・ 芸術・文化

A.796【正解③】
解説：いつでも気軽に「笑い」を楽しめる場所として、青葉区一番町四丁目に東北で始めての常設寄席がオープンしました。客席は最大40席

A.797【正解②】
解説：仙台デザインマンホールプロジェクトは、2016年(平成28年)より始まった仙台市下水道のPRとシティーセールス事業です。2017年(平成29年)12月13日～2018年(平成30年)2月12日まで市内9か所にキャラクターをデザインしたマンホールの蓋を設置しました(仙台市HPより)

A.798【正解②】
解説：ブロンズ彫刻、素描、本人が蒐集した美術作品などの寄贈を受けたのを機に開館しました。年に数回、作品の入れ替えを行って順次公開しています

A.799【正解④】
解説：2002年(平成14年)に仙台市が整備して市民文化事業団が運営しています。演劇工房・能-BOXが近くにあります(せんだい演劇工房10-BOX HPより)

A.800【正解②】
解説：1973年(昭和48年)に宮城フィルハーモニー管弦楽団として誕生、1989年(平成元年)に仙台フィルハーモニー管弦楽団に改称して現在に至ります。1983年(昭和58年)音楽総監督に芥川也寸志が就任して発展を遂げました(仙台フィルハーモニー管弦楽団HPより)

A.801【正解①】
解説：高橋英樹「独眼竜の野望・伊達政宗」(1993年)、柴田恭平「愛と野望の独眼竜・伊達政宗」(1995年)、椎名桔平「臥龍の天～伊達政宗・独眼竜と呼ばれた男」(2013年)でそれぞれ演じています

A.802【正解②】

芸術・文化

Q.803 「奥の細道」の道中で松尾芭蕉が仙台で詠んだ句はどれですか。
　　①あやめ草足に結ばん草鞋の緒
　　②桜より松は二本を三月越
　　③笠島いづこ五月のぬかり道
　　④夏草や兵どもが夢の跡

Q.804 松本清張が書いた伊達政宗公の短編小説の題名は何ですか。
　　①武家盛衰記（伊達陸奥国守政宗）　②奥羽の二人
　　③馬上少年過ぐ　　　　　　　　　　④覇王独眼龍政宗

Q.805 仙台市等で撮影された映画「ReLIFE（リライフ）」の劇中で、学生が通う高校の撮影場所となった学校はどこですか。
　　①聖和学園高等学校
　　②宮城学院中学校・高等学校
　　③仙台白百合学園高等学校
　　④常盤木学園高等学校

Q.806 1990年代に流行した「ルーズソックス」は仙台市が発祥地といわれていますが、その他にも発祥地とされているところはどこでしょうか。
　　①長野県松本市　②茨城県水戸市
　　③北海道旭川市　④富山県金沢市

Q.807 伊達騒動の政岡をモデルとした題材の歌舞伎がありますが、歌舞伎の題名はなんといいますか。
　　①勧進帳　②伽羅先代萩　③国性爺合戦　④奥州安達原

Q.808 1961年（昭和36年）に開館した仙台市博物館には歴史、文化、美術工芸品等の資料は何点収蔵されていますか。
　　①約3万7,000点　②約5万7,000点
　　③約7万7,000点　④約9万7,000点

Q.809 2004年（平成16年）に放送された根白石を舞台にしたNHK朝の連続ドラマ「天花」の脚本家は誰ですか。
　　①小松江里子　②岡田恵和　③津島佑子　④竹山洋

Q.810 定禅寺通にはブロンズ像が3点あります。次の中で定禅寺通にないものはどれですか。
　　①杜のうた　②水浴の女　③夏の思い出　④オデュッセウス

正解と解説 ☞　　　　　　　　　　　　芸術・文化

A.803【正解①】
解説：②「桜より松は〜」は岩沼市の武隈の松を、③「笠島いづこ五月の〜」は名取市の笠島で、④「夏草や兵ども〜」は岩手県中尊寺で詠んだ句です

A.804【正解②】
解説：「武家盛衰記」南條範夫著、「馬上少年過ぐ」司馬遼太郎著、「覇王独眼龍政宗」沢田黒蔵著

A.805【正解①】
解説：主人公達が通う高校の教室、カフェテリア、体育館など校内の撮影の大部分が聖和学園高等学校で行われました。学校の外観、文化祭、大学入試開場は、名取市の尚絅学院大学で撮影されました

A.806【正解②】
解説：仙台市と水戸市が発祥の地といわれています

A.807【正解②】
解説：正岡のモデルは三代藩主伊達綱宗公の側室三沢初子といわれています。宮城野区秀勝寺に墓があります

A.808【正解④】
解説：9万7,000点収蔵。季節毎に入れ替えを行い、常時約1万点を展示しています

A.809【正解④】

A.810【正解①】
解説：杜のうたは榴岡公園にあります

芸術・文化

Q.811 NHKの大河ドラマ「独眼竜政宗」に歌手のさとう宗幸が出演していました。誰の役で出演していましたか。
①伊達輝宗　②支倉常長　③片倉小十郎　④豊臣秀吉

Q.812 テレビ等でおなじみのサンドウィッチマンが2007年(平成19年)に受賞した賞の名前は何といいますか。
①漫才大賞　②漫才コンクールM-1グランプリ
③お笑い大賞　④2007年コントコンテスト大賞

正解と解説　芸術・文化

A.811【正解②】
解説：1987年（昭和62年）の大河ドラマ「独眼龍政宗」に支倉常長の役で出演しました。伊達輝宗役は北大路欣也、片倉小十郎役は西郷輝彦、豊臣秀吉役が勝新太郎

A.812【正解②】
解説：吉本興業が主催する漫才コンクールM-1グランプリでグランプリを獲得しました

人　物

Q.813 仙台市名誉市民である小田滋は何の分野で活躍しましたか。
　　①写真家　②画家　③短歌　④国際司法裁判官

Q.814 海外で高い評価を受けている中本誠司の作品を展示する中本誠司現代美術館が青葉区東勝山にあります。中本誠司の出身地はどこですか。
　　①鹿児島県屋久島　②長崎県五島列島
　　③新潟県佐渡島　④東京都三宅島

Q.815 詩人土井晩翠は母校の仙台市立立町小学校を始め、多くの学校の校歌を作詞しました。生涯で何校の校歌を作詞しましたか。
　　①約50校　②約100校　③約200校　④約300校

Q.816 仙台市出身の横綱「二代目谷風梶之助」の本名はなんといいますか。
　　①高橋孫四郎　②佐々木徳三郎　③斉藤与野助　④金子与四郎

Q.817 1900年(明治33年)に内務省から、模範村長として表彰を受けた長尾四郎衛門が村長を務めたのはどこですか。
　　①秋保村　②生出村　③根白石村　④広瀬村

Q.818 高校まで仙台市に在住していた、アメリカ文学研究者で「遠いアメリカ」で直木賞を受賞した作家は誰でしょうか。
　　①玉城徹　②常盤新平　③佐藤通雅　④小池光

Q.819 仙台市出身の芸人サンドウィッチマンのコントのネタを考えるのは誰でしょうか。
　　①伊達みきお　②富澤たけし　③マネージャー　④プロデューサー

Q.820 東北学院大学の旧宣教師館に「J.K.ハイド・デフォレスト」という宣教師が住んでいました。その宣教師の出身地はどこですか。
　　①イギリス　②オランダ　③アメリカ　④スペイン

Q.821 仙台市出身の作曲家、納所弁次郎が作曲した曲はどれですか。
　　①どんぐころころ　②春よこい　③お馬のおやこ　④うさぎとかめ

Q.822 仙台市出身で「会社再建の神様」と言われ、後に仙台市長を務めた人物は誰ですか。
　　①早川種三　②藤原作弥　③相馬黒光　④本山剛

Q.823 仙台市を題材にした高城高氏の小説はどれですか。
　　①けものの眠り　②汚れた夜　③野獣死すべし　④X橋付近

Q.824 東北大学大学院を卒業した瀬名秀明はどの分野の作家ですか。
　　①劇作家　②ミステリー作家　③SF作家　④絵本作家

正解と解説 ☞ ……………………… 人物

A.813【正解④】
解説：国際司法裁判官として、国際社会の平和と安定に尽力しました

A.814【正解①】
解説：鹿児島県の屋久島出身で海外に渡り活躍。帰国後はパートナーとともに仙台に移住しました。美術館には約1,000点の作品が収蔵、展示されています

A.815【正解④】
解説：遠くは高知県などの学校もあり、あわせて293校の校歌を作詞しました。2年毎に土井晩翠作詞の学校がそろい、各校の校歌を歌う「土井晩翠先生が作詞した校歌を一緒に歌いましょうの会」が開催されます

A.816【正解④】
解説：若林区霞目出身、若林区に霞目字谷風の地名があります

A.817【正解②】
解説：静岡県稲取村、千葉県湊村とともに、全国三模範村として表彰されたました。村の産業として養蚕を奨励して村営の工場を設置。生出市民センターに碑があります（ディスカバーたいはく5号より）

A.818【正解②】
解説：岩手県出身。1931年(昭和6年)〜2013年(平成25年)小学校から高校(仙台二高)まで仙台在住、「遠いアメリカ」で第96回直木賞を受賞しました

A.819【正解②】
解説：伊達みきおのブログに、「ネタは富澤たけしが考えている」と記載があります。また、テレビや雑誌のインタビューでも同様に答えていることから、全面的に富澤たけしを信頼してネタ作りを任せているようです

A.820【正解③】
解説：1874年(明治7年)アメリカン・ボートの宣教師として新島襄とともに来日。宮城英学校(東華学校)設立に尽力しました

A.821【正解④】
解説：その他に桃太郎、さるかに、笛と太鼓、おつきさま等を作曲しました

A.822【正解①】
解説：藤原作弥は日銀副総裁、相馬黒光は新宿中村屋創業者、本山剛は秋田あけぼの銀行頭取をそれぞれ務めた仙台市出身の実業家です

A.823【正解④】
解説：「けものの眠り」菊村到著、「汚れた夜」石原慎太郎著、「野獣死すべし」大藪春彦著

A.824【正解③】
解説：SF・ホラー作家、静岡県出身。デビュー作「パラサイト・イヴ」で日本ホラー小説大賞。薬学博士、薬剤師免許を取得しています

人　物

Q.825 仙台藩士千葉卓三郎は何をした人でしょうか。
　　　　①明治憲法の起草者　　　　②五日市憲法の起草者
　　　　③自由民権運動の提唱者　　④新撰組の指導者

Q.826 仙台市出身で紙飛行機設計の第一人者は誰ですか。
　　　　①戸田拓夫　　②井沢洋二　　③熊谷登喜夫　　④二宮康明

正解と解説 ☞ ・・・・・・・・・・・・・・・・・・・ 人物

A.825【正解②】
解説：11歳で仙台藩校養賢堂で学び、1881年(明治14年)東京多摩地方で私擬憲法の五日市憲法を起草しました。1883年(明治16年)32歳で死去、資福寺に墓があります。1968年(昭和43年)に東京都西多摩郡五日市町(現あきる野市)の民家の土蔵から発見されたことで、五日市憲法と呼ばれています

A.826【正解④】
解説：日本紙飛行機協会会長。2017年(平成29年)に陸上自衛隊霞目駐屯地にて第23回二宮康明杯全日本紙飛行機選手権大会が開催されました

行　政

雑学1000題　上級

Q.827 仙台市の「健康都市宣言」は何年でしたか。
　　①1951年(昭和27年・鉄腕アトム連載開始)
　　②1962年(昭和37年・市民図書館開館)
　　③1972年(昭和47年・あさま山荘事件)
　　④1982年(昭和57年・500円硬貨発行)

Q.828 仙台市の移動図書館事業が始まったのはいつからですか。
　　①1966年(昭和41年・仙台バイパス使用開始)
　　②1970年(昭和45年昭和45年・仙台卸商団地完成)
　　③1978年(昭和53年・宮城県沖地震発生)
　　④1984年(昭和59年・仙台市体育館開館)

Q.829 せんだい農業園芸センターの前身、養種園の設立はいつでしょうか。
　　①1871年(明治4年・仙台藩が仙台県となる)
　　②1900年(明治33年・電話開通)
　　③1907年(明治40年・東北帝国大学創立)
　　④1919年(大正8年・仙台市街自動車株式会社創立)

Q.830 仙台市の上水道事業が始まったのはいつでしょうか。
　　①1907年(明治40年・東北帝国大学創立)
　　②1923年(大正12年・関東大震災発生)
　　③1928年(昭和3年・NHK仙台放送局ラジオ放送開始)
　　④1942年(昭和17年・市営バス運行開始)

Q.831 「政宗が育んだ"伊達"な文化」が日本遺産に認定されました。認定した機関はどこでしょうか。
　　①文化庁　　②観光庁　　③宮内庁　　④環境省

Q.832 仙台市は「彫刻のあるまちづくり事業」を推進してきましたが、何を記念して始まった事業ですか。
　　①市政100年　　②明治100年　　③市政88年　　④泉市との合併

Q.833 仙台市は北海道白老町と歴史姉妹都市を締結しています。締結したのは何年でしょうか。
　　①1967年(昭和42年・人口50万人突破)
　　②1970年(昭和45年・公害市民憲章制定)
　　③1975年(昭和50年・東北自動車道岩槻〜仙台南ICまで開通)
　　④1981年(昭和56年・地下鉄南北線工事着工)

正 解 と 解 説 ☞ ………………… 行 政

A.827【正解②】
解説：当時の仙台市長島野武が「全市民の協力の下、清く明るく住みよい都市づくりに総力を上げ、その実現に邁進する」ことを宣言しました

A.828【正解②】
解説：ひろせ号で移動図書館がスタートしました。2018年（平成30年）現在は2週間ごとに、76か所を巡回してサービスを行っています（仙台市図書館HPより）

A.829【正解②】
解説：現在の若林区役所に養種園として開園しました

A.830【正解②】

A.831【正解①】
解説：2016年（平成28年）に文化庁が認定。宮城県が代表し仙台市、塩釜市、多賀城市、松島町の合同で申請しました。伊達の文化の豪華絢爛さや粋な斬新さと、その後の武士や庶民にまで広がりを見せたことが評価されました（宮城県HPより）

A.832【正解③】
解説：1977年（昭和52年）に市政88年を記念して創設した事業で、2001年（平成13年）に完了しました

A.833【正解④】
解説：1856年（安政3年）仙台藩が、白老の地に蝦夷地開拓のための元陣屋を築いて以来の、歴史的な関係を基盤とした姉妹都市を締結しました（仙台市HPより）

行政

Q.834 泉区には泉市の時に設定した「区の鳥」があります。その鳥は何でしょうか。
①カッコウ　②キジ　③すずめ　④オナガ鳥

Q.835 仙台市博物館はいつ出来ましたか。
①1955年（昭和30年・天文台開台）
②1961年（昭和36年・大倉ダム完成）
③1971年（昭和46年・仙台港開港）
④1981年（昭和56年・地下鉄南北線着工）

Q.836 仙台市では顕著な功績のあった人に名誉市民の称号を贈呈して栄誉を讃えています。2019年（平成31年）1月末現在で何人に贈呈していますか。
①10名　②17名　③22名　④31名

Q.837 旧泉市は仙台市との合併を行政としてどのような方法で決定しましたか。
①住民投票　②住民の意向調査
③議会の議決　④市長等の行政職三役で決定

Q.838 仙台市では平成28年度から中小企業を応援して表彰する制度があります。制度の名前は何と言いますか。
①地域貢献大賞　②職場環境改善大賞
③地域コミュニティー大賞　④仙台四方よし企業大賞

Q.839 旧泉市が仙台市に合併する時点の人口は県内で何番目でしたか。
①1位　②2位　③3位　④4位

Q.840 2011年（平成23年）8月に仙台市は、1889年（明治22年）に市制施行してから名取市との間で未確定だった境界を確定し、現在の市域が確定しました。その間に合併した市町村はいくつですか。
①7市町村　②9市町村　③11市町村　④13市町村

Q.841 太白区あすと長町にある仙台市立病院の病床数は何床でしょうか。
①450床　②525床　③640床　④715床

Q.842 宮城県内で仙台市の面積は何番目でしょうか。
①1番　②2番　③3番　④4番

Q.843 仙台市内5区の中で一番人口密度の高い区はどこでしょうか。
①青葉区　②宮城野区　③若林区　④太白区　⑤泉区

正解と解説 ☞ ・・・・・・・・・・・・・・・・・・・・ 行 政

A.834【正解②】
解説：泉市政執行10周年に公募で花・木・鳥を決め、合併後はそれぞれの区の花・木・鳥として継承しました。区花はスイセン、区木は松です

A.835【正解②】
解説：1951年(昭和26年)に伊達家から仙台市に寄贈された資料の保管、展示、研究のために建てられました

A.836【正解③】

A.837【正解①】
解説：住民投票の投票率74％、賛成52％、反対46％。僅差で賛成が多数でした

A.838【正解④】
解説：「売り手よし、買い手よし、世間よし、働き手よし」の四方よしを実践している中小企業を表彰する制度。本業のノウハウを活かした取り組みにより、地域社会の発展及び市民生活の向上に寄与する優れた取り組みを行っている仙台市内の中小企業が対象です

A.839【正解②】
解説：1989年(平成元年)3月末の泉市の人口は14万7,348人で県内第2位。石巻は12万2,770人の第3位でした

A.840【正解④】
解説：名取郡長町、宮城郡原町、宮城郡七郷村、宮城郡七北田村、名取郡西多賀村、名取郡中田村、名取郡六郷村、宮城郡高砂村、宮城郡岩切村、名取郡生出村、宮城郡宮城町、泉市、名取郡秋保町

A.841【正解②】
解説：旧市立病院と変わらず525床、延床面積は1.7倍になりました

A.842【正解③】
解説：1位：栗原市8万497㎢
2位：大崎市7万9,676㎢
3位：仙台市7万8,630㎢
4位：石巻市5万5,458㎢

A.843【正解②】
解説：2018年(平成30年)12月末日現在1㎢当り、青葉区1,030人、宮城野区3,376人、若林区2,709人、太白区1,006人、泉区1,459人です

行政

Q.844 平成30年度の仙台市の一般会計予算はいくらでしょうか。
①4,530億円　②5,390億円　③5,940億円　④6,580億円

Q.845 仙台市では古い史跡や町名の由来を後世に伝えるために、市内に辻標を設置しました。何か所設置しましたか。
①55か所　②67か所　③88か所　④97か所

Q.846 1998年（平成10年）に当時の中国国家主席江沢民が来仙した際に、仙台市博物館の敷地に記念の植樹をしました。何の木を植樹しましたか。
①黒松　②ライラック　③花かいどう　④紅梅

Q.847 広瀬川上流にある大倉ダムの形式は次のうちどれでしょうか。
①重力式ダム　②フィル式ダム　③アーチ式ダム

Q.848 2000年（平成12年）に仙台市は「わがまち緑の名所100選」を5つのジャンルに分けて選定しました。このうち最も多く選定されたのはどのジャンルでしょうか。
①桜　②紅葉　③公園・並木　④神社・仏閣　⑤海・沼・川

正解と解説　　　　　　　　　　　　行政

A.844【正解②】
解説：特別会計3,010億円、企業会計2,391億円を含めた予算総額は1兆791億円で平成29年度より318億円の減となりました

A.845【正解③】
解説：1971年(昭和51年)から市政88周年事業として実施しました

A.846【正解③】
解説：魯迅像の近くに植樹しました

A.847【正解③】
解説：1961年(昭和31年)に築造。2つのアーチが連なる珍しいダブルアーチ式で日本唯一のダムです

A.848【正解③】
解説：桜31か所、紅葉40か所、公園・並木51か所、神社・仏閣23か所、海・沼・川42か所選定されています。青葉山公園や西公園等は複数のジャンルで選定されています

教育

雑学1000題　上級

Q.849 東北大学の青葉山新キャンパスに新しい事業として放射光施設が建設される予定です。放射光施設とはどんな施設ですか。
　①放射能を吸収する方法を研究する施設
　②放射光という光を研究する施設
　③放射光の強力な電磁波で物質の構造解析をする施設
　④放射能を広域的に測定する施設

Q.850 仙台市の図書館全館の蔵書は何冊でしょうか。
　①約50万冊　②約100万冊　③約150万冊　④約200万冊

Q.851 仙台市内の図書館で利用者数が最も多いのはどの図書館でしょうか。
　①市民図書館　②若林図書館　③太白図書館　④泉図書館

Q.852 仙台市立東仙台中学校の敷地は仙台出身のある人の所有地でした。それは誰ですか。
　①志賀潔　②大槻文彦　③早川種三　④土井晩翠

Q.853 1981年（昭和56年）以前に建築された学校施設の耐震化率は、平成29年度末で何％でしょうか。
　①90％　②94％　③98％　④100％

Q.854 仙台市立の小学校で完全給食が始まったのはいつですか。
　①1947年（昭和22年・地方自治法の公布に伴い市町村長の公選が行われる）
　②1951年（昭和26年・第1回プロ野球オールスター戦が開催）
　③1957年（昭和32年・仙台空港開港）
　④1966年（昭和41年・仙台バイパスが供用開始）

Q.855 東北学院大学の礼拝堂は1932年（昭和7年）の建物で、2014年（平成26年）に国の登録文化財に登録されました。礼拝堂の名前はなんと言いますか。
　①モーガン記念礼拝堂　　②デフォレスト礼拝堂
　③シュネーター記念礼拝堂　④ラーハウザー記念東北学院記念礼拝堂

Q.856 2018年（平成30年）に東北大学総長に就任した大野英男は何代目の総長でしょうか。
　①20代目　②22代目　③25代目　④30代目

Q.857 東北大学のスクールカラーは何色でしょうか。
　①緑色　②紫色　③黄色　④青色

正解と解説 ☞ ・・・・・・・・・・・・・・・・・・・・・・ 教育

A.849【正解③】
解説：強力な電磁波を用いて物質の構造を詳細に解析する施設で、国内では兵庫県西播磨、茨城県つくば市、愛知県岡崎市等にあります。この施設が出来ることで多くの研究者が雇用されます

A.850【正解④】
解説：平成29年度統計で、市民図書館56万6,813冊、泉図書館53万5,543冊、広瀬図書館10万3,295冊、宮城野図書館23万600冊、榴ヶ岡図書館7万70冊、若林図書館24万1,900冊、太白図書館21万5,734冊、全館の総冊数196万3,955冊(仙台市HPより)

A.851【正解④】
解説：平成29年度統計で、市民図書館27万987人、宮城野図書館15万6,401人、若林図書館16万5,102人、太白図書館28万347人、泉図書館28万5,459人、広瀬図書館11万608人、榴ヶ岡図書館8万9,238人、全館合計135万8,139人(仙台市HPより)

A.852【正解④】

A.853【正解④】

A.854【正解②】
解説：小学校は1951年(昭和26年)、中学校は1965年(昭和43年)に完全給食が開始されました

A.855【正解④】
解説：アメリカン人モルガンの設計した礼拝堂。ラーハウザー記念礼拝堂の名前は多額の寄付をしたアメリカ人女性の名前から命名されました

A.856【正解②】
解説：物理学者、電子工学が専門。就任の記者会見で「世界30傑の大学を目指したい」と抱負を述べました

A.857【正解②】
解説：2005年(平成17年)に仙台を象徴する植物「萩」をモチーフとしたロゴマークを製定しました。あわせて、公式カラーに紫と黒を採用し、2007年(平成19年)ロゴマークを学章とし、スクールカラーを紫に定めました。紫色は知性と創造力を表しています

交通・地理・地名

Q.858 東北新幹線大宮〜盛岡間が開通したのはいつですか。
　　①1982年（昭和57年・第一次中曽根内閣が発足）
　　②1987年（昭和62年・国鉄が分割民営化）
　　③1991年（平成3年・第1回仙台ハーフマラソン大会開催）
　　④2002年（平成14年・FIFAワールドカップ日韓大会開催）

Q.859 2019年（平成31年）3月現在、仙台国際空港を出発する国内便（臨時便・海外便は除く）は1日何便でしょうか。
　　①約70便　　②約80便　　③約100便　　④約120便

Q.860 JR作並駅に建っている石碑には何と書いてありますか。
　　①交流電化発祥地　　②仙山線で最初に出来た駅
　　③ラッセル車発祥の地　　④東北で最も標高の高い駅

Q.861 東北自動車道仙台宮城インターチェンジが開通したのはいつですか。
　　①1970年（昭和45年・日本万国博覧会・よど号ハイジャック事件）
　　②1975年（昭和50年・山陽新幹線博多まで開通）
　　③1980年（昭和55年・山口百恵結婚）
　　④1985年（昭和60年・日本人初の宇宙飛行）

Q.862 仙台国際空港には普段あまり目にする事が無い「M2F」という中二階の空間があります。1つは入国審査場ですが、もう1つはどんな事に使用されていますか。
　　①税関検査　　②出国検査　　③検疫検査　　④保安検査

Q.863 平成29年度の仙台国際空港の1日の乗降客数は何人でしょうか。
　　①約5,200人　　②約7,300人
　　③約9,400人　　④約1万1,000人

Q.864 「軽便っこ」の愛称で親しまれた仙台鉄道（軽便鉄道）は1917年（大正6年）に事業の認可を得て、全線開通が1929年（昭和4年）9月です。当初の軽便鉄道の仙台の始発駅はどこでしょうか。
　　①宮町　　②北仙台　　③通町　　④八幡町

Q.865 仙台港にはフェリー、自動車運搬船、RORO船などが定期的に入港しています。このうちRORO船とはどんな船ですか。
　　①生鮮食品専用船　　②旅客を乗せないカーフェリー船
　　③電子部品専属の運搬船　　④石油類専用運搬船

正解と解説 ☞ ・・・・・・・・・・・・・交通・地理・地名

A.858【正解①】
解説：1985年（昭和60年）上野～大宮間、1992年（平成4年）東京～上野間、2002年（平成14年）盛岡～八戸間、2010年（平成22年）八戸～新青森間が開通しました

A.859【正解①】
解説：新千歳空港（札幌）19便、中部国際セントレア空港（名古屋）8便、成田国際空港2便、大阪国際空港（伊丹）17便、関西国際空港3便、小松空港4便、神戸空港2便、広島空港4便、福岡空港11便、那覇空港（沖縄）1便、出雲空港2便の73便（仙台国際空港HPより）

A.860【正解①】
解説：試験に適した勾配線区であったことや、すでに作並～山寺駅間で直流電化されていたことなどから指定されました。作並駅に交流と直流の切り替え設備が設けられ、1955年（昭和30年）に日本初の交流直流試験が行われ、後の東海道新幹線の実現につながりました

A.861【正解②】
解説：仙台南IC～泉IC間が開通しました

A.862【正解③】
解説：検疫検査場と入国審査場があります

A.863【正解③】
解説：平成29年度の総乗降客数343万9,239人（国内線315万8,572人、国際線28万667人）（宮城県HPより）

A.864【正解③】
解説：1918年（大正7年）仙台軌道株式会社として開業。1922年（大正11年）に通町から八乙女が開通。当初は通町が始発駅で、市電開通に伴い北仙台駅に移設しました。1925年（大正14年）終点中新井田まで開通、北仙台～中新田間を結ぶ総延長約45km

A.865【正解②】
解説：車両甲板を持ち貨物を積んだトラック等がそのまま船内外へ自走できる「貨物専用」フェリーのこと

交通・地理・地名

雑学1000題 上級

Q.866 仙台市の市電は1944年（昭和19年）7月に通勤・通学定期券が導入されました。当時の市電の乗車賃で正しい組み合わせどれですか。
　　①乗車賃5銭、通勤定期券1円/月、通学定期券50銭/月
　　②乗車賃10銭、通勤定期券3円/月、通学定期券2円/月
　　③乗車賃20銭、通勤定期券5円/月、通学定期券3円/月
　　④乗車賃30銭、通勤定期券7円/月、通学定期券4円/月

Q.867 仙台市交通局では地下鉄駅周辺に「パークアンドライド」の駐車場を設置しています。「パークアンドライド」の申し込み条件はどれですか。
　　①市民であれば誰でも申し込み出来る
　　②障害者であれば誰でも申し込み出来る
　　③通勤・通学に継続的にマイカーを利用する者は申し込みできる
　　④地下鉄利用者はいつでも使用可能である

Q.868 長町と湯元（秋保温泉）間の、交通機関として運用されていた秋保電気鉄道が廃止されたのはいつでしょうか。
　　①1953年（昭和28年・NHK初のテレビ放送開始）
　　②1961年（昭和36年・NHK朝の連続テレビ放送開始）
　　③1966年（昭和41年・ビートルズ来日・敬老の日・体育の日制定）
　　④1972年（昭和47年・浅間山荘事件）

Q.869 北目町通から新寺通に抜ける通称「北目ガード」は、いつ頃作られた物でしょうか。
　　①1883年（明治16年・鹿鳴館落成）
　　②1891年（明治24年・足尾銅山鉱毒事件を国会でとりあげ）
　　③1913年（大正2年・宝塚唱歌隊のちの宝塚歌劇団結成）
　　④1921年（大正10年・原敬暗殺事件）

Q.870 昭和の始めに、現在の「るーぷる仙台」と同じように仙台市内の史跡等を廻るバスが走っていました。そのバスの名前は何と言いますか。
　　①仙台観光自動車　　②仙台旧跡めぐり自動車
　　③仙台伊達自動車　　④仙台遊覧自動車

Q.871 国道48号線の起点は仙台市内ですがどこでしょうか。
　　① 錦町公園前　　②市民会館前　　③勾当台公園前　　④花京院前

正解と解説 ■☞ ················交通・地理・地名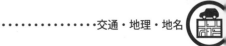

A.866【正解②】
解説：ちなみに1945年（昭和20年）頃の白米は米1升公定価格で53銭、ヤミ価格で70円でした

A.867【正解③】
解説：その他にも利用条件がありますが、基本はマイカー通勤であれば利用可能です

A.868【正解②】
解説：「秋保石」の採掘運搬と温泉客の輸送を目的に1914年（大正3年）馬車軌道で開業。1925年（大正5年）に電化しました。戦後、路線バスの増便やマイカーの出現などにより、経営が悪化し廃業しました

A.869【正解②】
解説：仙台駅開業と同時に作られました。当初は人力車が通れる程度の幅と高さしかありませんでした

A.870【正解④】
解説：始発は仙台駅前で、榴岡公園、正岡の墓、考勝寺、瑞鳳殿、仙台城、桜ヶ岡公園、林子平の墓、支倉六右衛門の墓、芭蕉の辻を巡りました。料金は大人80銭、子供40銭(12歳以下)

A.871【正解③】
解説：国道286号、国道45号も勾当台公園前が起点です

交通・地理・地名

雑学1000題 上級

Q.872 仙台市が行っている環境定期券制度は別名なんと言う制度ですか。
　　　①同居家族お出かけ制度　　②休日家族サービス制度
　　　③親子の休日バス制度　　　④休日カルガモ家族制度

Q.873 全国政令指定都市20市の中で、仙台市の面積は何位ですか。
　　　①5位　　②7位　　③9位　　④11位

Q.874 仙台空港アクセス鉄道の管理母体はどこですか。
　　　①JR東日本鉄道　　　　　　　②仙台市交通局
　　　③宮城県等が出資する第三セクター　④仙台空港を運営する民間企業

Q.875 仙台市内には「日本の道百選」に選ばれた道が2か所あります。どことどこでしょうか。
　　　①仙台西道路　　②広瀬通　　③青葉通　　④定禅寺通

Q.876 仙台港にはコンテナ等を運搬する仙台臨海鉄道があります。全部で3路線ありますが、次の中で実在しない路線はどれですか。
　　　①臨海本線　　②仙台埠頭線　　③仙台西港線　　④仙台フェリー埠頭線

Q.877 2018年(平成30年)10月1日から始まった「仙台版図柄入りナンバープレート」の図柄の組み合わせとして正しいものはどれでしょうか。
　　　①政宗公騎馬像・仙台七夕・杜の都仙台・三引両紋
　　　②仙台城・光のページェント・三引両紋・仙台地図
　　　③政宗公騎馬像・青葉まつり・仙台七夕・仙台地図
　　　④仙台城・仙台七夕・杜の都仙台・すずめ踊り

Q.878 仙台市の緯度経度で、正しいものはどれですか。
　　　①東経141°21′15″北緯43°3′43″
　　　②東経140°52′11″北緯38°16′05″
　　　③東経139°41″30″北緯35°41′22″
　　　④東経135°30′07″北緯34°41′37″

Q.879 仙台市と山形県の県境に分布する船形連峰に属する4つの山の中で、最も標高の高い山はどれでしょうか。
　　　①船形山(御所山)　　②三峰山(坊主岳)　　③後白髪山　　④蛇ヶ岳

Q.880 広瀬川の流域面積(水系面積)は何km²でしょうか(仙台市の面積は788km²)。
　　　①190km²　　②275km²　　③315km²　　④360km²

正解と解説 ・・・・・・・・・・・・・・・・・交通・地理・地名

A.872【正解④】
解説：土日・祝日・年末年始に市バス・宮城交通バス定期券を持っている人を対象にした家族割引制度

A.873【正解②】
解説：政令指定都市の中で最も広い面積は、浜松市で1,558.06km²で、仙台市の2倍です

A.874【正解③】
解説：宮城県等が出資する第三セクター 仙台空港鉄道株式会社

A.875【正解①④】
解説：歴史性、親愛性、美観性、機動性を考慮して国土交通省(旧建設省)が1986年(昭和61年)と1987年(昭和62年)に全国で104か所の道を選定しました。仙台西道路は都市近郊型幹線道路として、定禅寺通は杜の都のケヤキ並木として選ばれました(日本の道路百選J100S.comより)

A.876【正解④】
解説：仙台フェリー埠頭線はありません。フェリー埠頭へは市内から宮城交通のバスが運行しています

A.877【正解①】
解説：図柄入りナンバープレートはカラー版とモノトーン版の2種類あります。交付には手数料が必要です(仙台市HP)

A.878【正解②】
解説：①札幌市、③東京都、④大阪市の緯度・経度

A.879【正解①】
解説：船形山(御所山)1,500m、三峰山(坊主岳)1,418m、後白髪山1,422m、蛇ヶ岳1,440m

A.880【正解④】
解説：市域の約半分は広瀬川の流域です

交通・地理・地名

雑学1000題　上級

Q.881　明治時代、青葉山から亜炭を採掘していました。主に亜炭を採掘した地層名は何と言いますか。
　　　①竜の口層　　②向山層　　③大年寺層　　④亀岡層

Q.882　東京都江東区に仙台堀川という運河があります。運河の名前の由来は何ですか。
　　　①仙台藩邸が近くにあったのでそれにちなんで
　　　②仙台藩が江戸幕府に命じられて作った運河だから
　　　③運河に仙台藩が使用していた用地を寄付したから
　　　④仙台藩邸の屋敷の米などを運び入れていた川だから

Q.883　仙台市の土地利用を、農地、森林(国有林は除く)、宅地、その他(道路、河川、公園等)に分けるとどうなりますか(平成28年度統計)。
　　　①農地 7.7%　　森林57.6%　　宅地16.5%　　その他18.1%
　　　②農地 9.9%　　森林50.2%　　宅地15.0%　　その他24.9%
　　　③農地10.9%　　森林48.0%　　宅地20.1%　　その他20.9%
　　　④農地15.9%　　森林45.2%　　宅地25.1%　　その他13.8%

Q.884　藩政時代から「仙台三清水」があります。次の中で1つだけ「仙台三清水」でないのはどこでしょうか。
　　　①山上清水(八幡町)　　②鹿子清水(片平丁)
　　　③柳清水(立町)　　　　④三の丸清水(仙台城)

Q.885　仙台市役所の近くの勾当台公園の「勾当」の由来は何ですか。
　　　①盲人狂歌師の名前から　　②僧侶の名前から
　　　③ぼかし染めの名前から　　④武士の名前から

Q.886　青葉区上杉1丁目に「外記丁」公園と言う小さい公園があります。公園名の正しい読み方は?
　　　①げきちょう公園　　②がきちょう公園
　　　③そときちょう公園　　④ときちょう公園

Q.887　七郷堀の名前の由来はどれですか。
　　　①取水した水を7つに分流したので　　②7つの村に水を供給したので
　　　③堀の幅が7間あったので　　　　　　④堀の深いが7尺あったので

Q.888　仙台市は宮城広瀬高等学校前の国道457号と国道48号に至る市道の愛称を定めました。何と言う愛称でしょうか。
　　　①栗生通り　　②愛子中央通り　　③栗合通り　　④蕃山西通り

正解と解説 ……………交通・地理・地名

A.881【正解②】
解説：第三紀鮮新世の向山層が亜炭層を挟んでいた地層。亜炭の採掘は明治時代に始まり1965年(昭和40年)ごろには終了しています

A.882【正解④】

A.883【正解①】
解説：平成28年度の統計で、農地7.7%(6,050ha)森林57.6%(4万5,325ha)宅地16.5%(1万2,994ha)その他18.1%(1万4,261ha)です(仙台市HPより)

A.884【正解④】
解説：三の丸の清水は、地酒造りに使用されていました

A.885【正解①】
解説：伊達政宗公に認められた盲目の狂歌師花村勾当の屋敷があったとの説が有力です

A.886【正解①】
解説：伊達政宗公の米沢時代から仕えた斎藤外記永門という武士の名前から名づけられました

A.887【正解②】

A.888【正解④】
解説：仙台市は地元の要望を受けて、蕃山西通りという愛称に決定しました(仙台市HPより)

交通・地理・地名

Q.889 仙台市内に川内と付く町名はいくつありますか（2019年〈平成31年〉1月1日現在）。
　　　　①8か所　　②10か所　　③12か所　　④14か所

Q.890 秋保温泉にある景勝として有名な「磊々峡」を名づけた人は誰ですか。
　　　　① 鈴木直之進　　②小宮豊隆　　③阿部吉郎次　　④千坂半左衛門

Q.891 若林区の名前の由来は伊達政宗公時代の若林城に由来すると言われていますが、仙台市が区名募集で行った公募では何位だったでしょうか。
　　　　①1位　　②2位　　③3位　　④4位

正 解 と 解 説 ☞ ･････････････交通・地理・地名

A.889【正解③】
  解説：川内、川内亀岡北裏丁、川内亀岡町、川内川前丁、川内三十人町、川内大工町、川内中ノ瀬町、川内神明横丁、川内元支倉、川内山屋敷、川内澱橋通、川内追廻

A.890【正解②】
  解説：小宮豊隆は夏目漱石門人で独文学者、東北大名誉教授です。鈴木直之進（現大崎市出身）は天辰一刀流の開祖。阿部吉郎次（現石巻出身）は若宮丸で世界一周しました。千坂半左衛門（現富谷市出身）は黒川郡の大肝煎、農業用水路を整備しました

A.891【正解④】
  解説：公募で1位は東区、2位南区、3位広瀬区、若林区は4位でしたが、仙台市の区名選定委員会が方位名は採用しないとの方針であったこと、3位の広瀬区は上流をイメージするとして却下され、4位の若林区に決定しました

自然・環境

雑学1000題　上級

Q.892 太白区を流れる笊川の水源はどこでしょうか。
　①青葉山　②太白山　③八木山　④馬越石峠

Q.893 宮城野区には貞山運河に隣接する湿地があります。湿地の名前は何と言いますか。
　①砂山湿地　②汀沈釜湿地　③貞山湿地　④井戸浜湿地

Q.894 仙台市の「杜の都仙台 わがまち緑の名所100選」に選ばれた、苦竹のイチョウの樹齢は何年でしょうか。
　①約400年　②約800年　③約1,200年　④約1,500年

Q.895 東北大学植物園は1972年(昭和47年)に日本初の何に指定されましたか。
　①自然公園　②樹木保存施設　③自然博物館　④天然記念物

Q.896 秋保の二口渓谷には盤司岩がそびえています。盤司岩の規模について次の中で正しいものはどれですか。
　①高さ：50m長さ：2.2km　②高さ：70m長さ：2.7km
　③高さ：100m 長さ：3.0km　④高さ：130m 長さ：4.0km

Q.897 秋保大滝は「日本の滝100選」に選ばれました。滝の落差は約何mでしょうか。
　①約48m　②約55m　③約67m　④約79m

Q.898 広瀬川の平均流量は毎秒何㎥でしょうか。
　①10.50㎥/s　②16.15㎥/s　③21.54㎥/s　④32.65㎥/s

Q.899 仙台市域に生息する鳥絶滅危惧種ⅠA類に指定されている鳥はどれですか。
　①イヌワシ　②クマタカ　③オジロワシ　④ウミスズメ

Q.900 気象庁の観測データで、仙台市で最も湿度が低かったのは何％でしょうか。
　①7％　②11％　③15％　④21％

Q.901 気象庁の観測データで、仙台市で1年間に最高気温が35℃以上を一番多く観測した日数は何日間でしょうか。
　①3日間　②5日間　③8日間　④10日間

Q.902 仙台市の年間の日照時間は1981年(昭和56年)～2010年(平成22年)まで平均値でどれぐらいでしょうか。
　①約1,500時間(1日平均4.1時間)
　②約1,800時間(1日平均4.9時間)
　③約2,000時間(1日平均5.5時間)
　④約2,300時間(1日平均6.3時間)

正 解 と 解 説 ☞　　　……………… 自然・環境

A.892【正解④】
解説：源流は太白区馬越石峠で、途中から太白山からの流水も加わり、最終的に名取川と合流します

A.893【正解②】
解説：震災後に湿地が拡大し、絶滅危惧種の植物が復活してきています

A.894【正解③】
解説：聖武天皇乳母の遺言で植えられたとの伝説があります。1926年（大正15年）に国の天然記念物指定

A.895【正解④】
解説：絶滅危惧種の植物が自生する原生的な姿を残す森として1972年（昭和47年）に指定されました。天然記念物に指定されている青葉山東麓は、仙台城の御裏林として人の手が加えられませんでした。現在も東北大学理学部付属植物園として保護管理されています

A.896【正解③】

A.897【正解②】
解説：滝幅6mで落差は約55m。日本三大瀑布のひとつです

A.898【正解①】
解説：広瀬橋付近で測定した1960年（昭和35年）～2000年（平成12年）の年間平均流量。広瀬川の流域面積360km、延長45km。水源は関山峠付近です（広瀬川データベースHPより）

A.899【正解④】
解説：イヌワシ、クマタカ、オジロワシは絶滅危惧ⅠB類です。絶滅危惧ⅠA類：ごく近い将来における絶滅の危険性が極めて高い種。ⅠB類：ⅠA類ほどではないが近い将来に絶滅の危険が高い種（仙台市HPより）

A.900【正解①】
解説：2005年（平成17年）の4月6日に観測しました

A.901【正解②】
解説：2015年（平成27年）に年間5日間観測しています。最高気温30℃以上は2010年（平成22年）の48日間です

A.902【正解②】
解説：1981年（昭和56年）～2010年（平成22年）の30年間の観測データによると、平均で1826.12時間です（仙台管区気象台HPより）

自然・環境

Q.903 青葉城近くの竜の口渓谷では地層の露頭が観察できます。化石が多く見られるのは何という地層でしょうか。
①大年寺層　②向山層(北山層ともいう)　③竜の口層　④竜岡層

Q.904 広瀬川は1985年(昭和60年)に「日本名水百選」に選ばれています。名水百選を選んだ国の機関は何処でしょうか。
①国土交通省　②文部科学省　③農林水産省　④環境省

Q.905 脱スパイクタイヤ運動の発祥は仙台市です。運動の成果が認められて法律が成立したのはいつですか。
①1976年(昭和51年・鶴ヶ谷オープン病院開院)
②1981年(昭和56年・戦災復興記念館開館)
③1986年(昭和61年・第1回SENDAI光のページェント開催)
④1990年(平成2年・青年文化センター開館)

Q.906 仙台市は環境を守る為に環境基本条例を制定しました。制定したのは何年でしょうか。
①1987年(昭和62年・地下鉄南北線開通)
②1991年(平成3年・東北新幹線東京駅乗り入れ)
③1996年(平成8年・地底の森ミュージアム開館)
④2001年(平成13年・せんだいメディアテーク開館)

Q.907 仙台市が「広瀬川の清流を守る条例」を制定したのはいつですか。
①1964年(昭和39年・仙台湾臨海地域が新産業都市に指定)
②1970年(昭和45年・公害市民憲章制定)
③1974年(昭和49年・ロッテが24年ぶり2度目の日本一)
④1982年(昭和57年・東北新幹線大宮〜盛岡開通)

Q.908 100万人のごみ減量大作戦事業のキャラクターとしてワケルくんが登場した時期はいつですか。
①1997年(平成9年・仙台スタジアムオープン)
②2002年(平成14年・韓国光州広域市と国際姉妹都市提携)
③2007年(平成19年・元気フィールド仙台オープン)
④2010年(平成22年・仙台北部道路開通)

正解と解説 ☞　　　　　　　　　　自然・環境

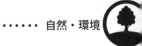

A.903【正解③】
解説：竜の口層は厚さが中心域40m～60mあり、仙台市内に広く分布しています。主に貝類が見られる層と植物化石が多い層とに分かれています（地質調査総合センターHPより）

A.904【正解④】
解説：景観が素晴らしい名水部門に選ばれました（環境省HPより）

A.905【正解④】
解説：1990年（平成2年）に「スパイクタイヤ粉塵の発生の防止に関する法律」が成立しました

A.906【正解③】
解説：杜の都・仙台の良好な環境を保全・創造し、次世代に引き継いでゆくための基本となる考え方。市、市民、事業者の役割と責務、それぞれの取り組みの基本的な事項を定めた条例（仙台市HPより）

A.907【正解③】
解説：広瀬川の清流を守る為に、市民、事業者それぞれの責務を明らかにするとともに、自然環境や水質の保全等に関して必要な事項を定めました（仙台市HPより）

A.908【正解②】
解説：すっかりおなじみになったワケルくんは、ドイツ出身で27歳。好きな食べ物は納豆で、ご飯にかけないで分けて食べます

自然・環境

Q.909 仙台市は2012年（平成24年）に世界で35番目の「ロール・モデル（模範）都市」に認定されました。「ロール・モデル（模範）都市」の説明で正しいものはどれでしょうか。
　　①環境保全事業が進んでいる都市
　　②住民コミュニティが進んでいる都市
　　③防災の模範となる取組みをしている都市
　　④ボランティア活動が活発な都市

Q.910 仙台市が環境影響評価（アセスメント）を条例化したのはいつでしょうか。
　　①1990年（平成2年・インターハイ開催）
　　②1994年（平成6年・仙台福祉プラザ開館）
　　③1998年（平成10年・江沢民中国国家主席来仙）
　　④2006年（平成18年・仙台郡山官衙遺跡群国史跡指定）

Q.911 仙台市環境局は「せんだいE-Action」を展開しています。2010年（平成22年）〜2015年（平成27年）までスペシャルサポーターとして仙台市出身のグループを起用しました。それは次のうちのどれでしょうか。
　　①ぜんりょくボーイズ　　②ドロシーリトルハッピー
　　③Wake up Girls!　　　　④パンダライオン

Q.912 仙台市は市民の住環境を守るために、環境項目測定装置で各所で観測して測定値を公開しています。定点測定していない環境項目はどれでしょうか。
　　①大気汚染　②水質汚濁　③騒音・振動　④悪臭

Q.913 平成28年度の仙台市のごみの年間排出量（生活ごみと事業ごみの総計）はどのくらいですか。
　　①約25万t　②約38万t　③約48万t　④約61万t

Q.914 名取川の水源はどこでしょうか。
　　①蔵王山　②大東岳　③泉ヶ岳　④神室岳

正 解 と 解 説 ■☞ ·················· 自然・環境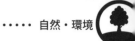

A.909【正解③】
解説：国連国際防災戦略事務局から認定されました。日本では兵庫県に続いて2例目です（仙台市HPより）

A.910【正解③】
解説：宮城県も同年成立しました

A.911【正解②】
解説：仙台で活躍するガールズユニットで、2019年からは新生メンバーによる活動が発表されました。ぜんりょくボーイズは仙台市で活躍する6人組男性アイドルグループ。パンダライオンは仙台を拠点に活動する4人組音楽ユニットで羽生結弦とも親交があります

A.912【正解④】
解説：悪臭は環境基準は定めていますが、定点観測はしていません。それ以外の項目は自動測定や定点で定期的に観測しています（仙台市HPより）

A.913【正解②】
解説：平成28年度のごみ総量37万6,033t（生活ごみ23万6181t、事業ごみ13万9,852t）生活ごみが63％を占めます（仙台市HPより）

A.914【正解④】
解説：名取川は山形県境の神室岳（標高1,353m）に発し、碁石川、広瀬川などと合流し、名取市閖上で太平洋に注ぐ一級河川です（国土交通省仙台河川道路工事事務所HPより）

震災・災害

Q.915 陸奥国を貞観地震が襲ったのはいつの時代ですか。
①奈良時代　②平安時代　③鎌倉時代　④室町時代

Q.916 東日本大震災の救援活動で、自衛隊が被災地に派遣したのは、延べ何人でしょうか。
①約510万人　②約753万人
③約905万人　④約1,060万人

Q.917 2018年(平成30年)3月1日現在の東日本大震災による被害総額(公共施設、住宅、宅地、農地、商工等)について、正しいのは次の中のうちどれでしょうか。
①約9,500億　②約1兆円
③約1兆1,000億円　④約1兆3,000億円

Q.918 東日本大震災では仙台国際空港も大きな被害を受けました。仙台国際空港で観測された津波の高さは何mでしたか。
①2.20m　②3.02m　③4.14m　④5.31m

Q.919 2012年(平成24年)3月31日時点で、東日本大震災での仙台市の仮設住宅(プレハブ住宅・借り上げ民間賃貸住宅・借り上げ公営住宅)は何世帯でしたか。
①約8,000世帯分　②約1万世帯分
③約1万2,000世帯分　④約1万5,000世帯分

Q.920 東日本大震災で気象庁から発表された大津波警報は、地震発生から何分後でしたか。
①1分後　②3分後　③5分後　④7分後

Q.921 東日本大震災における仙台市内の震災ごみのうち、がれきはどのくらいでしょうか(平成27年度統計)。
①約65万トン　②約100万トン　③約135万トン　④約164万トン

Q.922 東日本大震災における仙台市の建物被害のうち、全壊した建物は何棟でしょうか(平成27年度統計)。
①約1万5,000棟　②約3万棟　③約4万5,000棟　④約5万棟

正 解 と 解 説　震災・災害

A.915【正解②】
解説：869年（貞観11年）に推定マグニチュード8.3以上の地震と、津波が起りました。津波などによる死者は約1,000人と伝わっています

A.916【正解④】
解説：自衛隊の派遣は延べ1,058万人。500万5,484食の給食や、入浴など多くの支援を受けました

A.917【正解④】
解説：被害総額は1兆3,043億円です。最も多かったのが住宅・宅地の6,086億円で、市有施設・ライフラインなどが約4,075億円、農林水産業関係が約735億円、商工業関係が約2,147億円の被害額です

A.918【正解②】
解説：仙台空港では3.02mの津波を観測。1階はほぼ水没。海上保安庁や民間の小型機、ヘリコプターなど計67機が被害をうけました

A.919【正解③】
解説：プレハブ住宅が1,346世帯分
借り上げ民間賃貸住宅9,838世帯分
借り上げ公営住宅825世帯分
合計1万2,009世帯分の仮設住宅

A.920【正解②】
解説：地震発生14時46分、14時49分に大津波警報の第一報発令されました

A.921【正解③】
解説：その他に津波水石物が130万t、仮設ごみ置き場からの回収処理約44万t。浸水地区個別収集約4万9,000トン。腐敗食品や冷凍食品などの事業ごみ約1万4,000トンです

A.922【正解②】
解説：仙台市復興5年記録誌によると、全壊3万34棟、大規模半壊2万7,016棟、半壊8万2,593棟、一部損壊11万6,046棟です

スポーツ

Q.923 泉区にあるドーム型運動施設「シェルコムせんだい」は硬式野球も出来る運動施設です。ドームの天井の高さは何mですか。
　　　①39m　②45m　③51m　④62m

Q.924 仙台市出身の横綱二代目谷風は現在の何部屋に所属していましたか。
　　　①高砂部屋　②伊勢ノ海部屋　③花籠部屋　④時津風部屋

Q.925 「シェルコムせんだい」ではいろいろなスポーツを楽しめますが、利用できないスポーツはどれでしょうか。
　　　①ソフトボール　　　　②サッカー
　　　③アメリカンフットボール　④ラグビー

Q.926 ヴォスクオーレ仙台はFリーグに所属するクラブチームです。Fリーグは何のスポーツですか。
　　　①バスケットボール　②バレーボール
　　　③ハンドボール　　　④フットサル

Q.927 仙台89ERSのホームのメインアリーナはどこですか。
　　　①カメイアリーナ　　②青葉体育館
　　　③ホワイトキューブ　④ゼビオアリーナ

Q.928 東北楽天ゴールデンイーグルスは2017年(平成29年)に球団結成以来最多となるシーズンの観客動員数を獲得しました。何人でしょうか。
　　　①約117万人　②約137万人　③約157万人　④約177万人

Q.929 ベガルタ仙台のマスコット「ベガッ太」が、2013年(平成25年)に受賞した賞は何ですか。
　　　①Jリーグ活躍マスコット大賞　　②Jリーグパフォーマンス大賞
　　　③Jリーグマスコット総選挙1位　　④Jリーグマスコット杯優勝

Q.930 東北楽天ゴールデンイーグスの創立1年目、田尾監督時代の成績は、次の中のどれですか。
　　　①66勝77敗7分　②62勝79敗3分
　　　③47勝85敗4分　④38勝97敗1分

正 解 と 解 説 ☞ ・・・・・・・・・・・・・・・・・・・・ スポーツ

A.923【正解③】
　解説：2000年(平成12年)に完成。天井の高さ51m、両翼91.5m、中堅115.82m、面積1万3,132㎡、観客席約1,050席(可動席870席、固定席180席)

A.924【正解②】

A.925【正解④】

A.926【正解④】
　解説：東北では唯一のFリーグ加盟のフットサルクラブチームです

A.927【正解①】
　解説：カメイアリーナ(仙台市体育館)の第一競技場は、固定席4,681席、可動席1,024席で最大5,705人が収容可能です

A.928【正解④】
　解説：177万108人で、2016年(平成28年)の162万961人を更新しました

A.929【正解③】
　解説：2013年(平成25年)より行われているJリーグマスコット総選挙で2013年(平成25年)と2016年(平成28年)に1位を獲得。2019年は3位でした

A.930【正解④】
　解説：38勝97敗1分　勝率.281で最下位でした(日本野球機構HPより)

スポーツ

雑学1000題　上級

Q.931 毎年ゴールデンウィーク明けに行われる「仙台一高・二高定期戦」はいつから行われるようになりましたか。
　　①1900年（明治33年・市内に電話開通）
　　②1926年（大正15年・市電開通）
　　③1942年（昭和17年・市営バス営業開始）
　　④1954年（昭和29年・野草園が開園）

Q.932 仙台市のスポーツ活動を支援する「トワイライトパス」について、適切なものはどれでしょうか。
　　①夕方5時以降限定のスポーツ施設利用定期券
　　②平日の夕方5時以降限定の施設利用定期券
　　③休日の夕方5時以降限定の施設利用定期券
　　④常時トレーニング室限定の利用定期券

Q.933 泉ヶ岳で毎年開催される「トレイルラン」はどのようなスポーツですか。
　　①登山道を走り頂上までの到着時間を競うスポーツ
　　②森、山、自然公園等の未舗装地を走るスポーツ
　　③沢や崖登りを競うスポーツ
　　④野山に設置されたチェックポイントのあるコースを走るスポーツ

Q.934 リオデジャネイロオリンピックで女子バドミントンダブルスで金メダルを獲得した高橋・松友ペアの出身高校はどこですか。
　　①聖和学園高校　　　　　　　②明成高校
　　③聖ウルスラ学院英智高等学校　④仙台育英学園高校

Q.935 荒川静香選手と羽生結弦選手が練習したスケート場が泉区にあります。スケート場の名前はなんと言いますか。
　　①泉スケート場　　　　②アイスリンク仙台
　　③七北田スケートリンク　④仙台泉スケートセンター

Q.936 仙台市内にはスケートボードが練習できる施設が3か所ありますが、次の中で仙台市内ではないところがどこでしょうか。
　　①アーリーウープ　　　　②榴ヶ岡公園
　　③ウォータージャンプ宮城　④元気フィールド仙台

Q.937 甲子園では宮城県勢の優勝はまだありませんが、決勝には何回か進んでいます。春の選抜大会と夏の選手権大会を併せて何回決勝まで進んだでしょうか。
　　①2回　②4回　③6回　④8回

正 解 と 解 説 ☞ ・・・・・・・・・・・・・・・・・ スポーツ

A.931【正解①】
解説：二高の創立当初から行われています。戦時中は一時中断しましたが、戦後まもなく再開され、戦後の対戦成績は2018年（平成30年）現在で、仙台一高の32勝31敗9引き分けで互角です

A.932【正解①】
解説：使用できる施設の種類で第1種と第2種の2種類に分かれます。
第1種：トレーニング室とプール専用。第2種：トレーニング室専用

A.933【正解②】
解説：9月の第4日曜日に開催されます。スプリングバレースキー場をスタートし、コースは27km、17km、12km等があります

A.934【正解③】
解説：高橋選手は奈良県出身、中学校から入学。松友選手は徳島県出身、高校で入学し、ダブルスのペアを組みました

A.935【正解②】
解説：1年中通してフィギュアスケートの他、ショートトラックやアイスホッケーなどのスケート競技が出来る室内リンクです

A.936【正解③】
解説：ウォータージャンプ宮城は川崎町にあります。また、元気フィールド仙台は公的施設として珍しく、スケートボードパークを備えています

A.937【正解②】
解説：選抜大会で1回、選手権大会で3回決勝に進みました。
仙台育英3回：1989年（平成元年）選手権、2001年（平成13年）選抜、2015年（平成27年）選手権
東北高校1回：2010年（平成22年）選手権

スポーツ

雑学1000題　上級

Q.938 現在、世界で活躍しているプロゴルファー松山英樹選手は東北福祉大学出身ですが出身地はどこでしょうか。
　　①愛媛県　　②岡山県　　③岐阜県　　④佐賀県

Q.939 小学5年生から参加可能競技で、泉ヶ岳で行われているヒルクライムの説明として正しいものはどれですか。
　　①自転車での坂登り競技　　②泉ヶ岳へ登山競技
　　③泉ヶ岳の下山競技　　④自転車と登山を組み合わせた競技

Q.940 2019年（平成31年）1月現在の楽天生命パーク宮城の公式収容人数は何名ですか。
　　①2万3,451人　　②2万5,651人
　　③2万8,736人　　④3万508人

Q.941 ユアテックスタジアム仙台（ベガルタ仙台のホームスタジアム）の公式収容人数は、2019年（平成31年）1月現在で何名ですか。
　　①1万3,694人　　②1万6,694人　　③1万9,694人　　④2万1,694人

Q.942 東北楽天ゴールデンイーグルスの、2019年（平成31年）1月時点での支配下登録選手は何人ですか。
　　①49人　　②58人　　③66人　　④72人

Q.943 東北楽天ゴールデンイーグルスの2013年（平成25年）～2018年（平成30年）の平均観客動員数は何名でしょうか。
　　①約116万人　　②約133万人
　　③約156万人　　④約173万人

Q.944 東北楽天ゴールデンイーグルスの選手で2012年（平成24年）度に日本プロ野球選手会の8代目会長に就任した選手は誰でしょうか。
　　①美馬学投手　　②嶋基宏捕手　　③銀次内野手　　④島内宏明外野手

Q.945 2017年（平成29年）仙台市荒浜地区海岸公園のパークゴルフ場が再オープンしました。パークゴルフ場には3つのコースがありますが、次のうちコースでないものはどれでしょうか。
　　①政宗コース　　②梵天丸コース　　③荒浜コース　　④貞山コース

正解と解説 ☞

スポーツ

A.938【正解①】
解説：1992年（平成4年）生まれ。2010年（平成22年）アマチュア時代に三井住友VISA太平洋マスターズで初優勝。2013年（平成25年）プロに転向。現在はアメリカを主戦場として活躍中

A.939【正解①】
解説：コースは根白石を出発してスプリングバレースキー場まで。山や丘陵の上り坂に設定されたコースを走るタイムレース

A.940【正解④】
解説：県営宮城球場当時の収容人数は2万8,000人でしたが、段階的に改修することで2016年〈平成28年〉に3万人超えの球場となりました。2019年（平成31年）1月に4階建てのタワー型観戦スタンドの増設が発表されました

A.941【正解③】

A.942【正解③】
解説：2019年（平成31年）1月30日付公示で66名

A.943【正解③】
解説：2013年（平成25年）128万1,087人、2014年（平成26年）145万223人、2015年（平成27年）152万4,149人、2016年（平成28年）162万961人、2017年（平成29年）177万108人、2018年（平成30年）は172万6,004人で平均156万2,088人でした

A.944【正解②】
解説：2012年（平成24年）から5年間選手会長を務めました

A.945【正解③】
解説：パークゴルフは北海道幕別町発祥の子どもから大人まで一緒に楽しめるスポーツです。仙台市震災復興事業の1つで、東日本大震災で被災した海岸公園の再整備を行い、2017年（平成29年）7月に全面利用再開しました

グルメ

雑学1000題 上級

Q.946 仙台市内でブームを呼んでいる期間限定の鍋料理がありますが、何といいますか。
①もつ鍋　②牛タン鍋　③ちゃんこ鍋　④仙台せり鍋

Q.947 仙台市民の台所を預かる仙台市中央卸売市場では、競りは通常は朝の何時から始まりますか。
①朝5時　②朝6時　③朝7時　④朝8時

Q.948 仙台市の伝統野菜である「仙台曲がりねぎ」の発祥地はどこでしょうか。
①中田　②根白石　③岩切　④生出

Q.949 仙台市の伝統野菜に「仙台白菜」がありますが品種は何でしょうか。
①晩秋白菜　②黄ごごろ65白菜　③金将2号白菜　④松島純2号

Q.950 次の中で仙台市の国分町が発祥の地と言われているものは何でしょうか。
①炉端焼き　②牛タン定食　③おでん　④春雨スープ

Q.951 仙台市内の酒造蔵で醸造されている日本酒はどれですか。
①森乃菊川　②一ノ蔵　③日高見　④浦霞

Q.952 仙台駅限定で販売されている日本酒は何ですか。
①仙臺驛政宗　②仙臺青葉城　③仙臺みちのく酒　④仙臺酒

Q.953 仙台市の野菜自給率は何%でしょうか。
①約20%　②約30%　③約40%　④約50%

Q.954 仙台市農業園芸センターの前身養種園から生まれた仙台の伝統野菜はどれでしょうか。
①仙台曲がりねぎ　②仙台白菜
③仙台長なす　④仙台雪菜

Q.955 仙台市では食材等の衛生管理手法で仙台HACCP（ハサップ）を導入しました。仙台HACCPについての説明として次の中で正しいのはどれですか。
①仙台式食品表示法
②仙台式食品衛生自主管理評価制度
③仙台式食材機能表示制度
④仙台式食品関係事業者監視指導制度

正 解 と 解 説 ☞ ・・・・・・・・・・・・・・・・・・・・・ グルメ

A.946【正解④】
解説：近年有名になりつつあるせり鍋は、鴨肉や鶏肉を使い、せりの葉から根っこまで食べます。宮城県のせりの生産量は平成26年度で46.7t。全国1位になりました

A.947【正解②】
解説：3時から物資の搬入、5時から仲卸業者の下見、競りは6時から始まります

A.948【正解③】
解説：岩切地区は地下水が地表近くにあり、水はけの悪い土壌で一般的なねぎの育成方法が適さない環境でした。明治の中頃に考案された「やとい」という栽培方法は、ある程度まで成長したねぎを30度傾斜させて植え直すことで、太陽に向かって成長する植物の特性により湾曲したねぎとなります

A.949【正解④】
解説：仙台白菜は、半分に切ると輝くような白色で、甘くて柔らかいのが特徴です

A.950【正解①】
解説：仙台市の国分町が発祥で、後に釧路で発展したと言われています

A.951【正解①】
解説：若林区荒町の森民酒造本家が醸造しています。一ノ蔵は大崎市の（株）一ノ蔵、日高見は石巻市の平孝酒造、浦霞は塩釜市の（株）佐浦です

A.952【正解①】
解説：勝山酒造が醸造する仙台産ひとめぼれ100%使用純米吟醸酒、ササニシキ100%使用純米吟醸酒の仙臺驛政宗愛姫もあります

A.953【正解②】
解説：1人当たりの年間消費量93kg（全国平均）×仙台市人口108万人＝10万400t。生産量が2万9,000tなので、自給率28.9%です

A.954【正解②】
解説：養種園は1900年（明治33年）伊達家農場として創設されました。仙台白菜は明治～大正にかけて研究が進められ、1920年（大正9年）に結球白菜の導入に成功、仙台白菜が誕生しました。その後、品種改良を加えて生産を拡大していきました

A.955【正解②】
解説：国際基準のHACCPシステムは、原材料の受け入れから最終製品までの各工程ごとに、微生物による汚染、金属の混入などの危害要因を分析（Hazard Anolysis）した上で、危害の防止につながる特に重要な工程（Critical Control Point）を継続的に監視・記録する工程管理システム（HACCP認証協会HPより）で、仙台市が独自の制度で「仙台HACCP」を設定。取り組みに応じて5段階に区分して評価しています

グルメ

雑学1000題 上級

Q.956 仙台HACCP（ハサップ）の対象となる事業所として正しいものはどれですか。
　　①仙台市内で食品製造する事業所
　　②仙台市内で食品加工・調理する事業所
　　③仙台市内で食品製造・加工・調理する事業所
　　④仙台市内で食品製造・加工・調理または販売する事業所

Q.957 仙台駄菓子は1990年頃から全国的に有名になりました。そのきっかけとは何でしたでしょうか。
　　①テレビで宣伝されて　　②ブログで宣伝されて
　　③マンガで取り上げられて　　④美味しさが口コミで広がったため

Q.958 伊達政宗公は柳生但馬守に懇願して大和（奈良）から酒造りの職人を迎え入れ、仙台藩御用酒を醸造しました。招かれた酒造りの職人は誰でしょうか。
　　①三好清篤　　②川村孫兵衛　　③榧森又五郎　　④玉虫左太夫

Q.959 仙台市発のクラフトビールの名前は何と言いますか。
　　①せんだいビール　　②若林ビール　　③ワインビール　　④穀町ビール

Q.960 仙台味噌の歴史は、1626年（寛永3年）伊達政宗公が仙台城内に御塩噌蔵を造ったことから始まったと伝わっています。その歴史と伝統を継承する味噌醤油醸造事業所（宮城県味噌醤油工業協同組合に加盟の事業所）は仙台市内にいくつあるでしょうか。
　　①5事業所　　②8事業所　　③11事業所　　④15事業所

正 解 と 解 説 ☞ .... グルメ

A.956【正解③】
　解説：市のホームページ、広報に事業者名が掲載されます（希望する事業者のみ）

A.957【正解③】
　解説：漫画「美味しんぼ」第26巻第4話に石橋屋がモデルと見られる「石花屋」の菓子が登場しています

A.958【正解③】
　解説：1608年（慶長13年）柳生但馬守宗矩の仲介で仙台に迎え、仙台城三の丸の南「御太鼓部屋」の下に酒蔵と居室を与え、酒造りを任せたことが始まりとされています。御酒蔵跡と湧出する名水は宮城県産清酒の源流の地です

A.959【正解④】
　解説：2017年（平成29年）に誕生した仙台発のブルワリーで醸造されるクラフトビール。アルコール度数が10％と高く、若林区石名坂に醸造所があります

A.960【正解③】
　解説：政宗公が朝鮮出兵に持参した折、他家の味噌はすぐに腐敗してしまったのに、仙台味噌は少しも変質せず、味も優れていたことで一躍名を上げました。江戸大井の下屋敷にも、藩邸に勤務する家臣のための味噌蔵を建てました

地元学

雑学1000題　上級

Q.961 宮沢賢治とモリスの作品を鑑賞できる「賢治とモリスの館」はどこにありますか。
　　　①作並温泉　　②泉ヶ岳　　③秋保温泉　　④茂庭

Q.962 東北大学学友会相撲部の総監督は誰でしょうか。
　　　①松崎高之助　　②内館牧子　　③田畑応太郎　　④斉藤一雄

Q.963 仙台弁に「居娘（いむすめ）」という言葉があります。「居娘」の意味はどれですか。
　　　①結婚しない娘　　②婿養子をとった娘
　　　③養子に来た娘　　④家出した娘

Q.964 勝山酒造㈱勝山館には仙台市では珍しい施設があります。それは何でしょうか。
　　　①歌舞伎場　　②能舞台　　③社交ダンス場　　④演芸場

Q.965 仙台大観音が右手に持っている丸い玉を何といいますか。
　　　①宝冠　　②白ごう　　③宝珠　　④水瓶

Q.966 仙台大観音の胎内には、仏像が安置されていますが、次の中で1つだけ安置されていない仏像はどれですか。
　　　①百八胎内仏　　②十二神将　　③三十三観音　　④油掛大黒天

Q.967 土井晩翠作詞「荒城の月」の歌碑の設置場所はどこですか。
　　　①仙台市博物館　　　　②仙台城（青葉城）
　　　③東北大学片平キャンパス　　④晩翠草堂前

Q.968 仙台市が本社のアイリスオーヤマの創業地はどこでしょうか。
　　　①東京　　②大阪　　③名古屋　　④札幌

Q.969 仙台弁で「あんべいい」と言う言葉の意味はどれでしょうか。
　　　①色合いがいい　　②形が良く似合う　　③顔がいい　　④具合がいい

Q.970 仙台市が彫刻のあるまちづくり事業で設置した彫刻は市内にはいくつあるでしょうか。
　　　①15作品　　②24作品　　③33作品　　④41作品

Q.971 仙台市内にある歯科医院（矯正歯科、小児歯科等を含む）は、2019年（平成31年）3月現在いくつありますか。
　　　①約280医院　　②約340医院　　③約430医院　　④約540医院

Q.972 みやぎ生協の店舗は仙台市内に、2019年（平成31年）3月現在で何店舗ありますか。
　　　①22店舗　　②32店舗　　③42店舗　　④52店舗

正解と解説 ☞ ･･････････････････････････ 地元学

A.961【正解①】
解説：東北大学名誉教授大内秀明は、宮沢賢治と宮沢賢治に強い影響を与えた19世紀の詩人ウィリアム・モリスの思想への共感と情熱から森のミュージアムとして別荘を改装し公開しました

A.962【正解②】
解説：秋田県出身。2005年（平成17年）就任。日本相撲協会の横綱審議委員も務めていました

A.963【正解②】

A.964【正解②】
解説：酒造りに使われていた蔵をそのまま活かした能楽堂があります。「能舞台神殿」としても使用され、古式に則った神前挙式が行われています（勝山館HPより）

A.965【正解③】
解説：宝珠は人々の願いをかなえてくれます（新界山大願密寺HPより）

A.966【正解④】
解説：仙台大観音建立以前からこの地に鎮座してる縁結びの神で、仙台大観音の胎内ではなく、そばの神社に祀られています

A.967【正解②】
解説：仙台城跡の政宗公騎馬像近くに「荒城の月」の歌碑と土井晩翠の像があります。歌碑からは11:00、13:00、15:00の3回歌が流れます

A.968【正解②】
解説：大阪府東大阪市に大山ブロー工業を創業。1971年（昭和46年）大山ブロー工業株式会社設立。1989年（平成元年）仙台に本社移転、1991年（平成3年）現社名に変更しました

A.969【正解④】
解説：主に体調の具合などを表現するときに使われます。「あんべぇ」ともいいます

A.970【正解②】
解説：台原森林公園が一番多く4作品、次が定禅寺通で3作品です

A.971【正解④】
解説：青葉区206医院、宮城野区78医院、若林区71医院、太白区87医院、泉区97医院、合計で539医院の歯科医院があります（歯科医師会HPより）

A.972【正解②】
解説：青葉区10店、宮城野区7店、若林区4店、太白区6店、泉区5店（みやぎ生協HPより）

地元学

雑学1000題　上級

Q.973 仙台市農業園芸センターには養種園当時からの名残でセンターの真ん中に花壇がありますが、花壇の名前は何といいますか。

Q.974 秋保温泉は日本三御湯(みゆ)の1つに数えられています。御湯の由来はどれですか。
　①温泉の泉質と湯量が多い湯　　②温泉協会が選定した湯
　③皇室が選出した湯　　　　　　④温泉の歴史が古い湯

Q.975 太白区四郎丸にある「落合観音堂の十一面観音像」には名取川の洪水のとき、ある生きものが観音像を護ったという伝説を伝える絵馬が奉納されています。その生きものとはどれでしょうか。
　①鯉(コイ)　②蟹(カニ)　③鷹(タカ)　④猪(イノシシ)

Q.976 国見峠にある仏舎利塔は仙台市内を見下ろす絶景スポットとしても有名です。仏舎利塔には何体の釈迦像が祀られていますか。
　①1体　②4体　③8体　④12体

Q.977 2005年(平成17年)から仙台市内で運行が始まった軽車両タクシーの名前は？
　①サイクルタクシー　　②ベロタクシー
　③1人タクシー　　　　④タンタクシー

Q.978 仙台銀行の現行名になる前の銀行名は何といいましたか。
　①徳陽シティ銀行　②振興相互銀行　③大東銀行　④仙台商工銀行

Q.979 八木山という地名の由来は何ですか。
　①八木久兵衛が土地を買収して開発した功績から
　②ヤギの放牧地であったことから
　③8つの谷を埋めて宅地に開発したので
　④8つの集落をまとめて開発したので

Q.980 勾当台公園の一角、県庁側のバス停付近の人口池は、化粧ブロックを使って仙台市域に関する模様を作っています。その模様は何を表していますか。
　①仙台市の現況地形を表している
　②仙台市の古地図を表している
　③仙台市の未来を表している
　④仙台市の官公庁の位置を表示している

正解と解説 ☞

地元学

A.973【正解 沈床花壇】
解説：養種園時代の1959年(昭和34年)に整備されました。1989年(平成元年)に開園した同センターにも引き継がれて整備され、長年にわたり愛され続けているシンボル的存在(仙台市農業園芸センターHPより)

A.974【正解③】
解説：第29代欽明天皇より「御湯」の称号を賜った故事をふまえて、第84代順徳天皇が編纂した「八雲御抄」の中で、信濃(別所温泉)、名取(秋保温泉)、犬養(野沢温泉)の三湯にのみ、湯の前に「御」の字がついていたことに由来します

A.975【正解②】
解説：名取川の洪水で観音像が沖に流されそうになった時に、名取川に棲む無数の蟹が観音像を守ったと伝わっています。この辺りの村人はそれ以来蟹を食べず、絵馬に蟹を描き奉納しました。本尊は慈覚大師が刻んだ十一面観音菩薩像で、仙台三十三観音三十一番札所です。県指定文化財(太白区まちづくり推進協議会HPより)

A.976【正解②】
解説：東西南北の4面に釈迦像が祀られています。インドのネール首相より贈呈された仏舎利が奉納されています。1954年(昭和29年)4月建立

A.977【正解②】
解説：2005年(平成17年)4月から運行。ベロタクシーはドイツ生まれで環境にやさしい自転車型タクシーで、ベロはドイツ語で自転車の意味です。仙台駅中心に半径2kmが運行圏。4/1～11/30の11:00～日没まで運行しています(仙台・宮城観光キャンペーン推進協議会HPより)

A.978【正解②】
解説：1951年(昭和26年)振興無尽(株)として創立。1952年(昭和27年)に相互銀行法の施行により振興相互銀行として商号変更。1989年(平成元年)に普通銀行に転換し仙台銀行に商号を変更しました

A.979【正解①】
解説：明治維新頃までは越路山と呼ばれていましたが、1926年(大正15年)四代目八木久兵衛が買収し、五代目八木久兵衛が引き継いで開発したことから、功績をたたえて八木山と呼ばれるようになりました

A.980【正解②】
解説：藩校養賢堂などの場所を示した仙台藩政時代の古地図を表現しています

地元学

雑学（ざつがくせんだい）1000題

Q.981 七十七銀行では、本店4階に「金融資料館」を開設して、地域の方々にお金の役割等について説明しています。創立何年を記念して開設されましたか。
　　　①銀行創立100周年　　②銀行創立120周年
　　　③銀行創立140周年　　④銀行創立160周年

Q.982 斎藤報恩会自然史博物館は2009年（平成21年）に閉館しましたが、開館した年はいつでしたか。
　　　①1926年（大正15年・市電開通）
　　　②1933年（昭和8年・市の紋章制定）
　　　③1945年（昭和20年・仙台空襲で市の中心部全焼）
　　　④1958年（昭和33年・仙台空港開港）

Q.983 仙台市の西部地区には平家の落ち武者伝説が伝わっています。次にあげる地区の中で落ち武者伝説のない地区はどこですか。
　　　①作並・定義地区　　②秋保地　　③生出地区　　④根白石地区

Q.984 作並温泉には悲しい恋物語伝説があります。その伝説の伝わる場所はどこですか。
　　　①関山穴薬師　　②作並穴薬師　　③湯神穴薬師　　④岩谷堂穴薬師

Q.985 仙台市内には「恋人の聖地」として3か所がNPO法人地域活性化支援センターに認定されています。認定されていない場所はどこですか。
　　　①湯神の恋を守る作並温泉郷　　②覗橋♥ハート
　　　③楽天生命パーク宮城　　　　　④一番町

Q.986 ニッカウヰスキー仙台工場の創業は何年ですか。
　　　①1956年（昭和31年・NHK仙台テレビ局開局）
　　　②1962年（昭和37年・健康都市宣言）
　　　③1969年（昭和44年・東大安田講堂封鎖解除）
　　　④1977年（昭和52年・新仙台駅開業）

Q.987 2009年（平成21年）から宮城県内の銀行及び信用金庫のATM相互間利用が無料開放されました。このサービスの愛称は何といいますか。
　　　①仙台ネット　　②宮城無料ネット
　　　③あおばネット　　④みやぎネット

Q.988 仙台市の通称C60広場（ろぐまるひろば）はどこにありますか。
　　　①榴岡公園　　②西公園
　　　③台原森林公園　　④七北田公園

正解と解説 ■☞ ·················· 地元学

A.981【正解②】
解説：創立120周年記念として、1998年(平成10年) 12月9日に開館した東北最大規模の金融資料館。「お金の世界」「宮城県仙台市の歩みと七十七銀行」「戦後の変遷」「金融情報ライブラリー」の4つのゾーンに分けて展示されています(七十七銀行HPより)

A.982【正解②】
解説：桃生郡前谷地の大地主斎藤善右衛門氏が私財を投じて設立しました。2009年(平成21年)に閉館

A.983【正解③】

A.984【正解④】
解説：哀れな叔父と姪の夫婦の悲しい恋の物語が伝わっています。安産祈願の隠れた名所

A.985【正解④】
解説：仙台市内には3か所です。恋人の聖地は「少子化対策」と地域活性化への貢献をテーマとした観光地域連携を目的としています

A.986【正解③】
解説：1934年(昭和9年)創業の北海道余市蒸留所に続く第二蒸留所。1968年(昭和43年)に竹鶴政孝の陣頭指揮により工場建設に着工。翌1969年(昭和44年)竣工記念に「オールドニッカ」を発売しました

A.987【正解④】
解説：宮城県内に本店を置く提携金融機関のATMにおいて、相互間の引き出し手数料が平日8:45～18:00の時間内に限り無料となるサービスのこと

A.988【正解②】
解説：1969年(昭和44年)から展示されていたC60型蒸気機関車の車体を、2014年(平成26年)～2016年(平成28年)にかけて修復し、屋根をかけるなどの整備しました

地元学

雑学1000題　上級

Q.989 株式会社仙台リビング新聞発行「リビング仙台」の発行部数は何部でしょうか。
　　　①約10万部　　②約15万部　　③約20万部　　④約25万部

Q.990 定義如来西方寺にある五重塔の高さは何mでしょうか。
　　　①約15m　　②約20m　　③約25m　　④約30m

Q.991 榴岡公園には噴水広場がありますが、噴水広場は何を記念して作られましたか。
　　　①昭和天皇の在位50周年　　②宮城県政50周年
　　　③仙台市政50周年　　　　　④榴ヶ岡公園開園50周年

Q.992 勾当台公園の構成は3つにゾーニングされています。次の中でゾーニングされていないものはどれですか。
　　　①歴史ゾーン　　②いこいゾーン　　③にぎわいゾーン　　④未来ゾーン

Q.993 仙台市内には多くの横丁がありますが、仙台浅草という横丁はどこにありますか。
　　　①仙台駅東口　　②北仙台駅前　　③長町駅前　　④苦竹駅前

Q.994 夏季・泉ヶ岳のスプリングバレースキー場で行われている「ジップラインアドベンチャー」はどんな遊びですか。
　　　①山からソリで滑る　　②森にワイヤーを張って滑車で滑る
　　　③岩場のぼり　　　　　④岩場をロープを使って降りる

Q.995 仙台市の交流の輪の施設として、仙台市ガス局ショールームにリニューアルオープンした施設の名前は何と言いますか。
　　　①とうほく6県交流館　　②仙台とろっけんショップ
　　　③まちくる仙台　　　　　④東北復興交流スティーション

Q.996 勝山酒造㈱の創業はいつですか。
　　　①1600年(慶長5年・江戸時代初期)
　　　②1688年(元禄元年・江戸時代中期)
　　　③1739年(元文4年・享保の改革の時期)
　　　④1857年(安政4年・江戸時代末期)

Q.997 東北で最も古いキリンビール仙台工場の創業はいつでしょうか。
　　　①1923年(大正12年・関東大震災)
　　　②1937年(昭和12年・日中戦争始まる)
　　　③1952年(昭和27年・主権回復)
　　　④1960年(昭和35年・安保条約発効)

正解と解説 ☞ .... 地元学

A.989【正解③】
解説：1983年(昭和58年)創刊。2019年(平成31年)3月現在、約20万4,306部発行。青葉区5万1,810部、宮城野区2万6,640部、若林区2万5,010部、太白区3万3,430部、泉区5万2,270部、その他の地域1万5,146部(仙台リビング新聞HPより)

A.990【正解④】
解説：正確には29m

A.991【正解①】
解説：1981年(昭和56年)に昭和天皇在位50周年を記念して造られた広場です

A.992【正解④】
解説：歴史ゾーンには林子平像や古地図広場、いこいゾーンには志賀潔の胸像や谷風関の銅像、にぎわいゾーンには織姫の彫刻や市民広場があります。公園の面積は2,687ha

A.993【正解②】
解説：JR東日本北仙台駅前付近にあります。1960年(昭和35年)頃から仙台浅草と呼ばれており、約30店舗が営業しています

A.994【正解②】
解説：スリルと絶景が楽しめる7つのコースがあります

A.995【正解③】
解説：2012年(平成24年)クリスロード商店街に出来た「東北ろっけんパーク」が、2016年(平成28年)「まちくる仙台」としてリニューアルオープン。中心部商店街の賑わいづくりのため、商店街と連携したイベントの実施・企画展示など情報発信を行っています

A.996【正解②】
解説：創業は1688年(元禄元年)。1857年(安政4年)に御酒・御用酒屋を拝命、上杉山通角の土地を賜りました。2005年(平成17年)に泉区福岡に酒造を移しました(伊達武将隊かわら版より)

A.997【正解①】
解説：宮城野区小田原にあった東洋酒造が経営困難におちいり、キリンビールに吸収合併されて出来ました(キリンビールHPより)

地元学

雑学1000題 上級

Q.998 仙台弁の「じる」の意味は何でしょうか。
①盗む　②悪口をいう　③お金を貸す　④真似をする

Q.999 青葉区一番町のぶらんど〜む商店街のマスコットキャラクターの名前は何といいますか。
①フリップ二世　②エモドナル五世　③ブランドム三世　④イチバンタウン六世

Q.1000 仙台名物「笹かまぼこ」はいつ頃誕生しましたか。
①江戸時代初期　②江戸時代中期　③明治時代初期　④明治時代末期

おまけ1 仙台市はタクシー過剰地域指定を受けましたが、2018年（平成30年）8月現在、仙台市内で登録されているタクシー（個人タクシーを含む）は何台でしょうか。
①約1,500台　②約2,000台　③約2,400台　④約3,000台

おまけ2 大年寺山と八木山に在仙民放テレビ局のテレビ塔が設置されています。その中で「仙台スカイキャンドル」の愛称で呼ばれているのはどのテレビ局でしょうか。
①ミヤギテレビ　②東北放送　③仙台放送

正解と解説　☞　……………………… 地元学

A.998【正解①】
解説：同じ意味で「がめる」があります

A.999【正解②】
解説：先祖は400年前に支倉常長と一緒にヨーロッパから仙台に渡来したともいわれています。街のシンボルである「支倉時計」に自分のルーツを感じ、いつのまにか時計と一体化していましたが、東日本大震災で時計が壊れた拍子に街に飛び出しました（仙台一番町一番街商店街振興組合HPより）

A.1000【正解③】
解説：当初は「舌（べろ）かまぼこ」「てのひらかまぼこ」などと呼ばれていましたが。昭和初期に伊達家の家紋「竹に雀」から「笹かまぼこと」名づけられました（紀文HPより）

A.おまけ1【正解④】
解説：52事業者、3個人タクシー協会で、3,045台が登録されています。2008年（平成20年）1月にタクシー台数が過剰により緊急調整地域に指定されました

A.おまけ2【正解③】
解説：東日本大震災の鎮魂と復興の願いを込めて開局50周年にあたる2012年（平成24年）に、大年寺山送信所の鉄塔を地域を照らす「希望のともしび」をイメージしてリニューアルいました。日没後にライトアップされ仙台の夜空を彩っています

参考文献・参考資料

番号	書籍名	発行年	著者名・編者	発行所
1	明治仙台人物誌（宮城地域史文庫4）	1993年	逸見英夫	宮城地域史学協議会
2	宮城の鉄道物語（宮城の街道物語）	1981年	吉岡一男	宝文堂
3	半世紀の風景（戦後50年東北をあるく）	1995年	河北新報編集局	河北新報社
4	歴史探索入門史跡・文書の新発見	2003年	大和田哲男	角川書店
5	杜の都せんだいの旅	1985年	田村一枝	金港堂
6	ふるさとみやぎ文化百選1 まつり	1984年	佐々久／竹内利美監修	宝文堂
7	宮城県の歴史　図説日本の歴史4	1988年	渡辺信夫	河出書房新社
8	ウェルカム みやぎ観光ガイドブック2014	2014年	（公社）宮城県観光連盟	
9	仙台きょうはなんの日	1988年	仙台文化出版社編	仙台文化出版社
10	鎮守の森5 宮城－日本の歴史	1975年	代表小畑秀一	国文社
11	博学紀行 宮城県	1983年	福武哲彦	福武書店
12	東日本大震災全記録－被災地からの報告	2011年	河北新報編集局	河北新報社
13	ふるさとの民芸・工芸品 二二〇選	1982年	百瀬清	日之出出版
14	杜の都仙台わが町緑の名所100選	2002年		仙台市
15	慶長遣欧使節関係資料	1988年	仙台市博物館編	仙台市博物館
16	仙台あるある	2014年	凛次郎／椎名さおり	TOブック
17	企画展図録仙台　古地図の旅	2011年	仙台市歴史民俗資料館編集	仙台市教育委員会
18	特別展図録「祭礼と年中行事」	2003年	仙台市歴史民俗資料館編集	仙台市教育委員会
19	別冊歴史読本（第27巻16号）	2002年		新人物往来者

番号	書籍名	発行年	著者名・編者	発行所
20	お祭りガイド東北	1990年	渡辺良正	三一書房
21	仙台七夕浪漫 由来と七夕飾りの作り方	2003年	菊地ひろ子／菊地節子	
22	郷土人としての仙台の珍談奇談②	1990年	田村昭	宝文堂
23	仙台市史 通史編9 現代3	2013年	仙台市編集委員会	仙台市
24	仙台市史 特別編4 市民生活	1997年	仙台市史編纂委員会	仙台市
25	同上 特別編2 考古資料	1995年	同上	仙台市
26	同上 通史編6 近代I	2008年	同上	仙台市
27	同上 通史編5 近世3	2004年	同上	仙台市
28	2011 宮城ふるさと book	2010年		河北新報出版センター
29	宮城ふるさと book	2012年		河北新報出版センター
30	泉市誌	1986年	泉市誌編纂委員会	泉市
31	宮城通本 歴史的町名ハンドブック	2011年		河北新報社
32	城下町仙台を歩く 歴史的町名ハンドブック	2002年	仙台市歴史的町名等活用推進委員会	
33	仙台城歴史散策	1988年	逸見英夫他	宮城文化協会
34	仙台市の環境 杜の都の環境プラン（仙台市環境基本計画）平成25年度実績報告書	2014年	仙台市環境局環境部環境企画課	仙台市
35	市勢要覧仙台 2002	2002年	仙台市企画局情報政策部情報企画課	仙台市
36	ふるさと宮城の自然	1988年	ふるさと宮城の自然編集委員会	宝文堂
37	東西線沿線まちづくりの基本方針	2015年	仙台市都市整備局東西線まちづくり課	
38	みやぎの自然体験ガイド	Feb-10	宮城県森林インストラクター協会	
39	みやぎの国道をゆく	1986年	野村和正	東北建設協会
40	みやぎ地酒の旅	2000年	みやぎ地酒の旅編集部	河北新報社
41	Kappo 特別編集 伊達の国をめぐる大人旅	2017年	菅原ケンイチ文 菊池淳智写真	プレスアート

番号	書籍名	発行年	著者名・編者	発行所
42	仙台大観音パンフレット	不明	仙台大観音	真言宗智山派 新界山観音寺密
43	仙台フィルハーモニー管弦楽団パンフレット	2013年	公益財団法人　仙台フィルハーモニー管弦楽団	
44	仙台市史　資料編7　近現代3	2004年	仙台市史編纂委員会	仙台市
45	北海道に渡った仙台藩士たち	2005年	鈴木常夫	水の森
46	みちのく伝統文化5（人物編）	1986年	高橋富雄	小学館
47	もっと知りたい杜の都広瀬川	2005年	新川達郎／水環境ネット東北	ぎょうせい
48	3Rわかる本（2014）		アメニティ・せんだい推進協議会	
49	仙台づくし	1992年	仙台文化出版社編	仙台文化出版社
50	楽天ゴールデンイーグルスあるある	2014年	凛次郎	TOブックス
51	宮城の地学ガイド	1993年	宮城県高等学校理科研究会地学部会編	宝文堂
52	グラフせんだい NO77		仙台市総務局広報課	
53	グラフせんだい NO88	2002年	仙台市総務局秘書部広報課	
54	市政のしおり 25	2013年	仙台市議会事務局	
55	新・伊達創世記	1992年	宮城県総務部広報課	
56	郷土資料事典 ふるさと文化遺産4	1998年	斉藤建夫	人文社
57	ザ・仙台　伊達政宗と杜の都	1986年		読売新聞社
58	レッツみやぎ 2006	2005年	河北新報出版センター	
59	るーぷる仙台パンフレット	不明	仙台市観光シティループル運行協議会	
60	昭和史とともに仙台市電・その50年	1976年	仙台市交通局編	仙台市交通局
61	仙台藩ものがたり	2002年	河北新報社編集局	河北新報社
62	祈りの街 仙台三十三観音を訪れる	2011年	横山寛	河北新報社
63	せんだいくらしのガイド	2018年	仙台市	仙台リビング新聞社

著者略歴

　　ざつがくがくしゅう倶楽部（代表　黒川　誠）

　民間のコンサルタント企業を退職してから、地域づくりや生涯学習を支援する公益財団法人に勤務し、仲間と共に特定非営利活動法人（以下NPO法人という）を設立しました。NPO法人活動の中で企画を練って、県内の公共団体等から委託事業として実践（地域検定講座）と経験を積んで原案を決めました。
　地域づくりや生涯学習を支援する仲間が集まり、地域についての学習を行っています。
　仙台を知る手立てのお手伝いができれば幸いです。

雑学1000題

平成31年4月20日　初　版

著　　者	ざつがくがくしゅう倶楽部	
発行者	藤　原　　　直	
発行所	株式会社金港堂出版部	
	仙台市青葉区一番町二丁目-3-26	
	電話 仙台 (022)397-7682	
	FAX 仙台 (022)397-7683	
印刷所	株式会社ソノベ	

Ⓒ 2019 Zatsugakugakushuclub　　　　落丁本、乱丁本はお取りかえいたします。